Alterações na
LEI DO INQUILINATO

COMENTÁRIOS À LEI 12.112/09

Conselho Editorial
André Luís Callegari
Carlos Alberto Alvaro de Oliveira
Carlos Alberto Molinaro
Daniel Francisco Mitidiero
Darci Guimarães Ribeiro
Draiton Gonzaga de Souza
Elaine Harzheim Macedo
Eugênio Facchini Neto
Giovani Agostini Saavedra
Ingo Wolfgang Sarlet
Jose Luis Bolzan de Morais
José Maria Rosa Tesheiner
Leandro Paulsen
Lenio Luiz Streck
Paulo Antônio Caliendo Velloso da Silveira

B734a   Borjes, Isabel Cristina Porto
         Alterações na lei do inquilinato: comentários à lei 12.112/09 / Isabel Cristina Porto Borjes. 2.ed. rev.atual. – Porto Alegre: Livraria do Advogado Editora, 2014.
         135 p.; 21 cm.
         ISBN 978-85-7348-878-4

         1. Locação de imóveis. I. Título.

                   CDU – 347.453.3

         Índice para catálogo sistemático:
         Locação de imóveis   347.453.3

(Bibliotecária responsável: Marta Roberto, CRB-10/652)

ISABEL CRISTINA PORTO BORJES

Alterações na
LEI DO INQUILINATO

COMENTÁRIOS À LEI 12.112/09

2ª EDIÇÃO
Revista e Atualizada

livraria
DO ADVOGADO
editora

Porto Alegre, 2014

© Isabel Cristina Porto Borjes, 2014

Capa, projeto gráfico e diagramação
Livraria do Advogado Editora

Revisão
Rosane Marques Borba

Direitos desta edição reservados por
Livraria do Advogado Editora Ltda.
Rua Riachuelo, 1300
90010-273 Porto Alegre RS
Fone/fax: 0800-51-7522
editora@livrariadoadvogado.com.br
www.doadvogado.com.br

Impresso no Brasil / Printed in Brazil

Para que este livro chegasse a termo, contei com o auxílio de uma profissional do Direito, que, embora jovem, teve uma ampla visão acerca do tema, o que muito me auxiliou. Meus agradecimentos à amiga e colega Taís Ferraz Gomes pelo debate inteligente e perspicaz.

Aos amigos e colegas Maria Alice Rodrigues, pela palavra certa, e Eduardo Kraemer, pelo olhar prévio, meu obrigada.

Sumário

Introdução 9
Artigo 4º 11
Artigo 12 16
Artigo 39 27
Artigo 40 45
Artigo 59 49
Artigo 62 67
Artigo 63 76
Artigo 64 79
Artigo 68 86
Artigo 71 91
Artigo 74 96
Conclusão 99
Referências 101
Apêndice – Quadro sinótico das principais ações despejatórias 102
Anexo A – Projeto de Lei nº 140/2009 103
Anexo B – Lei nº 12.112/2009 108
Anexo C – Lei do Inquilinato nº 8.245/91 112

Introdução

O Projeto de Lei n. 140/2009, originário da Câmara dos Deputados, de autoria do Deputado Federal José Carlos Araújo, inicialmente propunha a alteração dos seguintes artigos da Lei do Inquilinato: 4º, 12, 13, 39, 40, 52, 59, 62, 63, 64, 68, 71, 74 e 75.

Na justificativa do projeto, o Autor mencionava a necessidade da alteração, uma vez que, como já havia se passado mais de 18 anos de vigência da Lei Inquilinária, era preciso adaptá-la às modificações trazidas pelo novo Código Civil, que entrou em vigor em 2003, além de inúmeras alterações no Código de Processo Civil, ocorridas neste período, e à vasta interpretação jurisprudencial acerca da matéria.[1]

O projeto foi sancionado pelo Presidente Luiz Inácio Lula da Silva, vetados alguns artigos (§ 3º do art. 13; § 3º do art. 52; §§ 1º ao 3º do art. 74 e art. 75), por contrariedade ao interesse público.

Também foi vetado o art. 3º do Projeto n. 140/2009, que previa a vigência da lei na data de sua publicação, sob a fundamentação de que, como se tratava de uma legislação que envolve matéria de grande repercussão, era neces-

---

[1] Conforme relatório da Senadora IDELI SAVATTI, acerca do Projeto de Lei da Câmara n. 140, cujo voto foi pela constitucionalidade, juridicidade e boa técnica legislativa. No mérito, foi aprovado com a seguinte ementa: *Altera a Lei n. 8.245/91, para aperfeiçoar as regras e procedimentos sobre locação de imóvel urbano.*

sário um determinado tempo para que seus destinatários tomassem conhecimento do seu conteúdo e de seus efeitos. Assim sendo, a Lei 12.112, datada de 9 de dezembro de 2009, publicada no DOU em 10/12/2009, entrou em vigor 45 dias da data da publicação, nos termos do art. 1º da Lei de Introdução ao Código Civil.[2]

Cabe ressaltar, ainda, que a Lei do Inquilinato (n. 8.245, de 18/10/1991) continua em vigor, apenas teve alguns de seus artigos alterados pela Lei 12.112/2009, com o intuito de *aperfeiçoar as regras e procedimentos sobre a locação de imóvel urbano*.

É evidente que essas mudanças não supriram todas as falhas, omissões e ambiguidades existentes na Lei Inquilinária, contudo, serão significativas e impactantes na relação locatícia e no mercado imobiliário.

Assim, com o objetivo de entendê-las, passa-se ao exame de cada dispositivo da Lei do Inquilinato (n. 8.245/91) que sofreu as modificações da nova lei (n. 12.112/2009).

---

[2] De acordo com a Lei Complementar n. 107/2001, art. 8º, § 1º, a contagem do prazo para entrada em vigor das leis que estabeleçam período de vacância, far-se-á com a inclusão da data da publicação e do último dia do prazo, entrando em vigor no dia subsequente à sua consumação integral.

Artigo 4º

Durante o prazo estipulado para a duração do contrato, não poderá o locador reaver o imóvel alugado. O locatário, todavia, poderá devolvê-lo, pagando a multa pactuada, proporcionalmente ao período de cumprimento do contrato, ou, na sua falta, a que for judicialmente estipulada.

Como era: Durante o prazo estipulado para a duração do contrato, não poderá o locador reaver o imóvel alugado. O locatário, todavia, poderá devolvê-lo, pagando a multa pactuada, segundo a proporção prevista no art. 924 do Código Civil e, na sua falta, a que for judicialmente estipulada.

O contrato de locação pode ser celebrado por prazo certo, quando tiver um prazo determinado; ou pode não ter prazo estipulado, neste caso a locação será por prazo indeterminado.

Havendo prazo contratualmente fixado, a regra é a de que o locador deverá respeitá-lo, não podendo reaver o imóvel, enquanto estiver vigendo por prazo determinado, salvo se o locatário der causa. Já o locatário poderá devolvê-lo antes do término do prazo fixado, contudo deverá arcar com o pagamento de uma multa,[3] conforme redação do art. 4º.

---

[3] O locatário ficará dispensado do pagamento da multa pactuada pela desocupação antecipada, se a devolução do imóvel decorrer de transferência, pelo seu empregador, privado ou público, para prestar serviços em outra localidade e se notificar o locador, com o prazo de, no mínimo, trinta dias de antecedência, nos termos do parágrafo único do art. 4º.

Esse dispositivo trata da entrega do imóvel, antes do prazo estipulado para a duração do contrato, desrespeitando assim o tempo convencionado inicialmente, o que não pode ser feito pelo locador, que deverá cumprir o contratado.

Entretanto, o locatário poderá fazê-lo, desde que arque com o pagamento da multa contratualmente fixada pela desocupação antecipada, de forma proporcional ao cumprimento da obrigação.

Trata-se de uma pena convencional, ou seja, uma cláusula que as partes estipulam no contrato, através da qual a parte que descumprir culposamente uma das cláusulas contratuais deverá arcar com o pagamento da pena que foi convencionada. Funciona como uma indenização à parte prejudicada, no caso o locador, pelo inadimplemento da obrigação por parte do locatário. Também chamada de cláusula penal.

O Código Civil, através dos arts. 408 e 409, esclarece que incorre de pleno direito o devedor na cláusula penal, desde que, culposamente, deixe de cumprir a obrigação ou se constitua em mora e de que a cláusula penal estipulada conjuntamente com a obrigação, ou em ato posterior, pode referir-se à inexecução completa da obrigação, à de alguma cláusula especial ou simplesmente à mora.

Essa cláusula é muito utilizada nos contratos de locações, principalmente no que diz respeito ao cumprimento do prazo determinado, pelo locatário.

A redação anterior previa a possibilidade de o locatário, na devolução antecipada do imóvel, pagar a multa pactuada, segundo a proporção prevista no art. 924 do Código Civil de 1916 e, na sua falta, a que for judicialmente estipulada, o que permitia abusos por parte do locador, que exigia a multa integral prevista no contrato, desconsiderando o tempo que o locatário havia utilizado o imóvel.

O artigo 924 do Código Civil de 1916 mencionava que o julgador *poderia* reduzir proporcionalmente a cláusula penal estipulada para o caso de mora ou no caso de inadimplemento.

Já o Código Civil de 2002, no art. 413, fez uso de uma redação diferente, não mais facultando ao julgador a redução da multa, mas determinando que a reduza, equitativamente, se a obrigação principal foi cumprida em parte.[4]

Nessa linha, a jurisprudência já vinha determinando a redução da multa, levando em conta o tempo de contrato que havia sido cumprido pelo locatário. Basta analisar as ementas:

AÇÃO ORDINÁRIA. RECONVENÇÃO. COBRANÇA. EMBARGOS À EXECUÇÃO. PRELIMINAR REJEITADA. CASO CONCRETO. MATÉRIA DE FATO. BENFEITORIAS NECESSÁRIAS. INDENIZAÇÃO. CABIMENTO. CARÊNCIA EM VALOR INFERIOR AO DESPENDIDO PARA OS REPAROS NO BEM LOCADO. *MULTA COMPENSATÓRIA. DESOCUPAÇÃO ANTECIPADA. É DEVIDA A MULTA COMPENSATÓRIA EM FACE DA DESOCUPAÇÃO DO IMÓVEL PROPORCIONALMENTE AO TEMPO EM QUE PERMANECEU O LOCATÁRIO NO BEM OBJETO DA LOCAÇÃO.* HONORÁRIOS ADVOCATÍCIOS [...]. Apelo e recurso adesivo desprovidos.[5] (grifo aposto)

LOCAÇÃO NÃO RESIDENCIAL. DESOCUPAÇÃO ANTECIPADA DO IMÓVEL PELO LOCATÁRIO [...]. A ação do locador objetivando cobrar a integralidade dos aluguéis pactuados para a locação com prazo de seis (6) meses, comporta ampla revisão do pedido pelo julgador, ainda mais quando se trata de petição simples, dita de balcão, feita pela própria parte leiga, na seara do JEC. Portanto, não é incorreta, muito menos extra petita (situação que o recorrente define como *ultra petita* equivocadamente), *a sentença que, ao invés de outorgar ao locador todos os*

---

[4] Inclusive nesse sentido os Enunciados aprovados na IV Jornada de Direito Civil do Conselho da Justiça Federal: n. 355 – Não podem as partes renunciar à possibilidade de redução da cláusula penal se ocorrer qualquer das hipóteses previstas no art. 413 do CC, por se tratar de preceito de ordem pública, e n. 356 – Nas hipóteses previstas no art. 413 do CC, o juiz deverá reduzir a cláusula penal de ofício.

[5] TJRS – Apelação Cível nº 70021422522, Décima Quinta Câmara Cível, Relator: Vicente Barrôco de Vasconcellos, Julgado em 28/11/2007.

aluguéis ao longo do prazo determinado, concede a multa proporcional ao tempo que faltava para completá-lo. Ao contrário do que foi alegado nas contrarrazões, o contrato não dispôs sobre a rescisão antecipada. Entretanto, a Lei nº 8.245/91 permite que o juiz estipule a penalidade, consoante art. 4º, *caput*, 2ª parte, modo a fazer justiça ao caso concreto. A multa fixada, correspondente a um aluguel, não soa desproporcional, haja vista a desocupação ocorrida antes da metade do prazo contratado para a locação, em detrimento do locador. A sentença, também corretamente, abateu da dívida o equivalente a 45 dias de aluguéis incontroversamente pagos pelo locatário, resultando, além da multa, apenas um aluguel a ser satisfeito, acrescido da cláusula penal decorrente do atraso. NEGADO PROVIMENTO AO RECURSO.[6] (grifo aposto)

O Superior Tribunal de Justiça não discrepa desse entendimento, conforme a ementa:

LOCAÇÃO. PROCESSUAL CIVIL. VIOLAÇÃO AOS ARTS. 4º E 5º DA LEI DE INTRODUÇÃO AO CÓDIGO CIVIL. AUSÊNCIA DE PREQUESTIONAMENTO. INCIDÊNCIA DA SÚMULA Nº 211 DESTA CORTE. JULGAMENTO ANTECIPADO DA LIDE. CERCEAMENTO DE DEFESA. REEXAME DE MATÉRIA FÁTICO-PROBATÓRIA. SÚMULA Nº 07 DO SUPERIOR TRIBUNAL DE JUSTIÇA. RESCISÃO UNILATERAL DO CONTRATO PELO LOCATÁRIO. MULTA. REDUÇÃO. ART. 413 DO CÓDIGO CIVIL. NECESSIDADE. REEXAME DE PROVAS E CLÁUSULAS CONTRATUAIS. SÚMULAS Nos 05 e 07 DESTA CORTE. IMPOSSIBILIDADE DE APRECIAÇÃO DA DIVERGÊNCIA JURISPRUDENCIAL.
1. [...]
3. Verificar se a redução da cláusula penal, da maneira como foi promovida pelo juiz de primeiro grau e confirmada pelo Tribunal a quo, atingiu patamar razoável e proporcional demandaria a interpretação das cláusulas contidas no contrato locatício, bem como das provas carreadas aos autos, atraindo os óbices dos enunciados n.os 05 e 07 da Súmula desta Corte [...].[7]

No voto que deu ensejo à ementa acima transcrita, a Ministra Relatora Laurita Vaz, ao analisar se a multa fixada

---

[6] TJRS – Recurso Cível nº 71001191048, Segunda Turma Recursal Cível, Turmas Recursais, Relator: Mylene Maria Michel, Julgado em 23/05/2007.

[7] STJ – AgRg no Ag 1042256/PR. AGRAVO REGIMENTAL NO AGRAVO DE INSTRUMENTO n. 2008/0090272-5, Min. Laurita Vaz, 5ª T, 18/8/2008, DJ 13/10/2008.

era excessiva, levou em consideração o tempo em que o locatário havia permanecido no imóvel, aduzindo:

[...]. No caso em tela, a cláusula debatida dispõe sobre a multa no caso de rescisão unilateral do contrato, fixando-a no valor de 50% (cinqüenta por cento) do aluguel correspondente ao prazo contratual restante (fl. 13). Ocorre que a própria Lei de Locações, em seu art. 4º, prevê a necessidade de pagamento de multa em virtude do término do contrato antes do prazo avençado. *Ou seja, a referida cláusula está de acordo com os objetivos da lei, não se falando em nulidade da mesma. Por outro lado, é de se analisar se o valor fixado pela mesma é excessivo, consoante dispõe o art. 413, do Código Civil. O contrato tinha prazo determinado de 30 (trinta) meses, mas o apelante permaneceu no imóvel apenas 13 (treze) meses. Portanto, cumpriu pouco menos da metade do contrato. Desta forma, tendo em vista o cumprimento de praticamente metade do contrato, não é justo que os apelantes arquem com a integralidade da multa.* O critério matemático utilizado em primeiro grau revela-se o mais correto, pois leva em conta o período cumprido e o período restante, fazendo uma relação entre os mesmos e a multa [...]. *(grifo aposto).*

A redação da Lei n. 12.112, ao determinar que a cláusula penal pactuada, para o caso de desocupação antecipada, seja *proporcional ao período de cumprimento do contrato*, está em consonância com a legislação civil e com a jurisprudência.

O legislador, nesse aspecto, protegeu o locatário dos abusos que o locador cometia ao exigir-lhe o pagamento integral da cláusula penal, desconsiderando o tempo em que efetivamente havia cumprido o contrato. Dessa forma, o valor da multa pactuada no contrato deverá corresponder proporcionalmente ao tempo faltante para o seu cumprimento.[8]

---

[8] Assim sendo, entendo que deve ser feito o seguinte raciocínio: por exemplo, em um contrato de locação de 12 meses, há uma cláusula contratual que prevê a multa de 3 meses de aluguel, pela desocupação antecipada. Imaginemos que o locatário cumpriu 8 meses de contrato e desocupa o imóvel. O valor da multa deve ser dividido pelos 12 (meses) e multiplicado pelos meses que não foram cumpridos pelo locatário (4 meses). Este é o valor apurado proporcionalmente. Saliente-se que o cálculo da proporcionalidade da multa pode ser feito levando-se em conta percentuais, como utilizado pela decisão do Superior Tribunal de Justiça acima colacionada.

Artigo 12

Em casos de separação de fato, separação judicial, divórcio ou dissolução da união estável, a locação residencial prosseguirá automaticamente com o cônjuge ou companheiro que permanecer no imóvel.

§ 1º Nas hipóteses previstas neste artigo e no art. 11, a sub-rogação será comunicada por escrito ao locador e ao fiador, se esta for a modalidade de garantia locatícia.

§ 2º O fiador poderá exonerar-se das suas responsabilidades no prazo de 30 (trinta) dias contado do recebimento da comunicação oferecida pelo sub-rogado, ficando responsável pelos efeitos da fiança durante 120 (cento e vinte) dias após a notificação ao locador.

Como era: Em casos de separação de fato, separação judicial, divórcio ou dissolução da sociedade concubinária, a locação prosseguirá automaticamente com o cônjuge ou companheiro que permanecer no imóvel.

Parágrafo único. Nas hipóteses previstas neste artigo, a sub-rogação será comunicada por escrito ao locador, o qual terá o direito de exigir, no prazo de trinta dias, a substituição do fiador ou o oferecimento de qualquer das garantias previstas nesta lei.

As alterações mais importantes do art. 12 restringiram-se mais ao parágrafo único, que foi dividido em dois parágrafos, pois quanto ao *caput* apenas houve uma atualização na nomenclatura jurídica, adequando-a ao Código

Civil, substituindo a expressão *sociedade concubinária* por *união estável*.[9]

Esse dispositivo legal trata da sub-rogação na locação pelo cônjuge ou companheiro que permanecer no imóvel, em decorrência de separação, divórcio ou dissolução, ao qual são transferidos todos os direitos e deveres da locação original. A sub-rogação, ou substituição do locatário original, é legal e automática, razão pela qual o *caput* menciona que *a locação prosseguirá automaticamente*.[10]

Todavia, para que produza efeitos em relação ao locador, vinculando-o ao sub-rogado,[11] necessário que lhe seja

---

[9] A partir da vigência do Código Civil de 2002, passou-se a distinguir o concubinato (relação entre pessoas que têm impedimento para o casamento) da união estável (entidade familiar entre homem e mulher, protegida constitucionalmente, que se assemelha ao casamento). A lei n. 12.112, portanto, apenas admite a sub-rogação na locação quando ocorrer a dissolução de uma união estável e não de um concubinato.

[10] Conforme a decisão: LOCAÇÃO – SEPARAÇÃO JUDICIAL – SUB-ROGAÇÃO LEGAL – COMUNICAÇÃO ESCRITA – NOVA GARANTIA – INTELIGÊNCIA DO ART. 12, PARÁGRAFO ÚNICO DA LEI Nº 8.245/91 – Na hipótese de separação de fato, separação judicial, divórcio ou dissolução da sociedade concubinária, o contrato de locação prorroga-se automaticamente, transferindo-se ao cônjuge que permanecer no imóvel todos os deveres e direitos relativos ao contrato. – A comunicação por escrito sobre a sub-rogação visa, exclusivamente, a garantir ao locador o oferecimento de novo fiador ou nova garantia, não se podendo responsabilizar o ex-marido pelos débitos posteriores à separação judicial. – Inteligência do art. 12, da Lei nº 8.245/91. – Recurso especial não conhecido. (STJ – REsp 187500 – SP – 6ª T. – Rel. Min. Vicente Leal – DJU 18.06.2001 – p. 200).

[11] O Superior Tribunal de Justiça exigia essa comunicação ao locador, para que a sub-rogação pudesse produzir os seus efeitos. Veja-se a ementa: LOCAÇÃO – AÇÃO DE DESPEJO – ART. 12 DA LEI 8.245/91 – SEPARAÇÃO DO CASAL – LOCAÇÃO CELEBRADA PELO CÔNJUGE VARÃO – PERMANÊNCIA DA MULHER NO IMÓVEL – SUB-ROGAÇÃO AUTOMÁTICA – DEVER DE COMUNICAÇÃO AO SENHORIO, PARA VINCULÁ-LO AO SUB-ROGADO, PARA OS EFEITOS DO PARÁGRAFO ÚNICO DESSE DISPOSITIVO – Recurso não conhecido. (REsp – 302485 – RJ – 5ª T. – Rel. Min. José Arnaldo da Fonseca – DJU 03.09.2001 – p. 246).

comunicado por escrito. A falta de comunicação ao locador faz com que a sub-rogação não se opere, permanecendo a responsabilidade do locatário originário[12] e, consequentemente, do seu fiador.[13]

---

[12] Esse é o entendimento do Superior Tribunal de Justiça, conforme a ementa: LOCAÇÃO. SUB-ROGAÇÃO LEGAL. ART. 12, PARÁGRAFO ÚNICO, DA LEI 8.245/91. SEPARAÇÃO DE FATO OU JUDICIAL, DIVÓRCIO OU DISSOLUÇÃO DE SOCIEDADE CONJUGAL. COMUNICAÇÃO AO LOCADOR. SUA NÃO-OCORRÊNCIA, *IN CASU*. VÍNCULO LOCATÍCIO QUE PERMANECE ENTRE AS PARTES ORIGINÁRIAS. DISSÍDIO NÃO CONFIGURADO. 1. Ocorrendo separação de fato, separação judicial, divórcio ou dissolução da sociedade concubinária, o contrato de *locação* prosseguirá, automaticamente, com o ex-cônjuge ou ex-companheiro que permanecer no imóvel como uma espécie de *sub-rogação* legal. 2. Deve a *sub-rogação* ser comunicada por escrito ao locador, o qual poderá exigir, no prazo de trinta dias, a substituição do *fiador* ou o oferecimento de quaisquer das garantias previstas no referido diploma. Não ocorrendo tal comunicação ou prova, por outro meio idôneo – de inequívoco conhecimento por parte do locador –, de um dos supostos fáticos previstos no caput de tal dispositivo, o vínculo locatício persistirá entre as partes originárias, tendo em vista os princípios que regem os contratos em geral. Doutrina e jurisprudência. 3. *In casu*, não ocorreu a referida comunicação ao locador. O aresto impugnado bem aplicou o art. 12 e seu parágrafo único, dando-lhes interpretação consentânea com os princípios gerais que norteiam os contratos, os quais devem ser observados, em respeito, inclusive, à segurança das relações jurídicas. 4. Recurso não conhecido pela letra c uma vez que a divergência não restou configurada; conhecido, mas improvido, pela a, nos termos do voto condutor. (REsp 540669 / RJ, RECURSO ESPECIAL, 2003/0060052-0, Ministro Arnaldo Esteves Lima, T5 – Quinta Turma 19/04/2005, DJ 06/06/2005 p. 362 RDDP vol. 33 p. 147 , RSTJ vol. 193 p. 582).

[13] Observe-se a decisão do Tribunal de Justiça do RS: LOCAÇÃO RESIDENCIAL. SUB-ROGAÇÃO. SEPARAÇÃO DO CASAL DE LOCATÁRIOS. RESPONSABILIDADE DOS FIADORES. Quando a sub-rogação não foi comunicada por escrito ao locador, permanece a responsabilidade do locatário original e, em decorrência, dos fiadores. ADITAMENTO CONTRATUAL. O aditamento contratual celebrado com o fito de definir novo período para a locação e majorar aluguéis, sem a anuência dos fiadores, constitui novação e não obriga os fiadores, na parte em que exceder ao valor do contrato ou aos reajustes legais. Súmula 214 do STJ. IMPENHORABILIDADE DO BEM IMÓVEL DOS FIADORES. Mantida a impenhorabilidade, conforme fixado em sentença. Primeiro apelo

Embora a lei mencione, no § 2º, que a comunicação deve ser oferecida pelo sub-rogado, parece que o locatário originário tem muito mais interesse em que a sub-rogação produza seus efeitos em relação ao locador e também ao seu garantidor, sob pena de o vínculo locatício persistir entre as partes originárias. Assim sendo, entende-se que o locatário originário também poderá comunicar ao locador e ao seu fiador que não permanecerá mais no imóvel, tendo em vista a separação, divórcio ou dissolução do casal.

A redação anterior mencionava que o locador, uma vez notificado, poderia exigir um novo fiador ou nova garantia, no prazo de 30 dias, de acordo com o parágrafo único, mas era omissa em relação ao fiador.

Como ensina Sylvio Capanema de Souza, é inegável que o fiador do locatário original tem o direito de exonerar-se, em decorrência do caráter pessoal do contrato de fiança. Não pode ser obrigado a continuar garantindo pessoa diferente, na qual não deposita o mesmo grau de confiança.[14]

Carlos Roberto Gonçalves, igualmente, adverte que "é princípio assente em todos os códigos que a fiança não pode ir além dos limites estabelecidos no contrato[...] A fiança é, por fim, contrato *personalíssimo*, ou *intuito personae*, porque celebrado em função da confiança que o fiador merece".[15]

Com razão os autores citados, no que diz respeito ao fato de que o fiador não pode ser obrigado a garantir pessoa

---

parcialmente provido e por maioria improvido o segundo. (Apelação Cível nº 598126464, Décima Sexta Câmara Cível, Tribunal de Justiça do RS, Relator: Genacéia da Silva Alberton, Julgado em 08/09/1999). Ver também a decisão proferida na Apelação Cível nº 70021307186, Décima Quinta Câmara Cível, Tribunal de Justiça do RS, Relator: Vicente Barrôco de Vasconcellos, Julgado em 21/11/2007, a qual subordinou os efeitos da sub-rogação à comunicação ao locador.

[14] A Lei do Inquilinato Comentada. 5ed. RJ: GZ, 2009, p. 79.

[15] *Direito Civil Brasileiro*, volume III: contratos e atos unilaterais. São Paulo: Saraiva, 2004, p. 528.

diferente daquela a qual ele se obrigou inicialmente. Contudo, alguns julgados afirmavam que ocorria a exoneração automática do fiador, o que a meu ver era um equívoco.[16] Na realidade o que poderia ocorrer era a possibilidade de ele buscar a sua desoneração. Nesse sentido, a decisão do Tribunal de Justiça deste Estado, conforme a ementa:

APELAÇÃO CÍVEL. LOCAÇÃO. AÇÃO DE DESPEJO CUMULADA COM COBRANÇA. LEGITIMIDADE PASSIVA RECONHECIDA. A PRIMEIRA APELANTE, COM A SEPARAÇÃO DO CASAL, PERMANECEU RESIDINDO NO IMÓVEL, SUB-ROGANDO-SE NOS DIREITOS E OBRIGAÇÕES DECORRENTES DO CONTRATO LOCATÍCIO, NOS TERMOS DO ART. 12 DA LEI Nº 8.245/91. AÇÃO DE EXONERAÇÃO DA FIANÇA. A exoneração pretendida pelos fiadores foi aceita pelo locador, que a comunicou à nova locatária e solicitou a substituição dos garantidores, situação que configura a hipótese de exoneração por ato amigável, prevista no art. 1.500 do antigo Código Civil, em vigor na época da contratação e da própria notificação de exoneração... Negaram provimento ao primeiro recurso e deram provimento ao segundo.[17]

A nova lei veio esclarecer, e muito bem, as obscuridades da redação anterior, ao subordinar a eficácia da sub--rogação não só à comunicação ao locador, por escrito, mas também ao fiador, se esta for a modalidade de garantia locatícia.

---

[16] Existiam decisões, embora em minoria, que entendiam haver exoneração automática do fiador. Veja-se, por exemplo, a seguinte decisão: LOCAÇÃO. FIANÇA. CONTRATO ACESSÓRIO. SEPARAÇÃO DO LOCATÁRIO. SUB-ROGAÇÃO LOCATÍCIA DA MULHER. CESSAÇÃO DA RESPONSABILIDADE DO FIADOR, SE EXTINTA A RESPONSABILIDADE DO LOCATÁRIO AFIANÇADO. Hipótese de extinção automática da fiança, não se tratando de denúncia feita pelo afiançado, nos termos do art. 1500 do CC, cessando com a sub-rogação, a responsabilidade do locatário afiançado, extingue-se o contrato acessório de fiança, restando, "ipso facto", exonerado o fiador. (Embargos Infringentes nº 194034062, Segundo Grupo de Câmaras Cíveis, Tribunal de Alçada do RS, Relator: Luiz Otávio Mazeron Coimbra, Julgado em 21/10/1994).

[17] Apelação Cível nº 70010899409, Décima Sexta Câmara Cível, Tribunal de Justiça do RS, Relator: Ergio Roque Menine, Julgado em 04/05/2005.

O objetivo dessa comunicação é extremamente importante, justamente para que o fiador, ciente de que o locatário afiançado foi substituído pelo seu cônjuge ou companheiro, possa optar entre permanecer como garantidor do locatário sub-rogado (cônjuge ou companheiro sub--rogado) ou exonerar-se da sua responsabilidade, já que a fiança é personalíssima e não admite que sejam ampliadas as obrigações do fiador.[18]

Com tal redação, não se discute mais acerca da ocorrência da exoneração automática, na medida em que a lei deixa claro que ela não ocorre, mas sim a *possibilidade* de o fiador exonerar-se, se assim lhe aprouver.

Assim sendo, os efeitos da ocorrência da substituição do locatário original pelo seu cônjuge ou companheiro que permanecer no imóvel, em caso de dissolução da relação, seja por separação, divórcio ou dissolução, ficam subordinados à comunicação ao locador e ao fiador. Frise-se: a lei diz que o locatário sub-rogado *deverá* notificar o *locador e o fiador*, comunicando a ocorrência da sub-rogação na locação, de acordo com a redação do § 1º desse artigo. Não é uma faculdade, mas sim uma obrigação do locatário sub--rogado. E, como já salientado, defende-se que essa comunicação deva ser feita também pelo locatário originário para que possa se liberar do vínculo locatício.

Por outro lado, cabe salientar que essa exigência de comunicação ao locador e ao fiador, prevista no § 1º, desse dispositivo, também foi estendida à sub-rogação decorrente da morte do locatário, estabelecida no art. 11.

Essa sub-rogação criava mais problemas, porque a redação anterior não exigia a comunicação sequer ao locador. Determinava tão somente a ordem das pessoas que

---

[18] Conforme art. 819 do CC: "A fiança dar-se-á por escrito, e não admite interpretação extensiva". Também vide Súmula 214 do STJ: "O fiador não responde por obrigações resultantes de aditamento ao qual não anuiu".

sucederiam o locatário original falecido. A sub-rogação era automática e legal aos sucessores do locatário, independentemente de qualquer aviso ao locador.

Dessa forma, muitas vezes o locador só tomava conhecimento da sub-rogação quando esses sucessores ficavam inadimplentes, o que poderia levar anos. E quando ajuizava a ação contra os fiadores, os tribunais entendiam que eles haviam se exonerado automaticamente pela sub--rogação. O que era um absurdo e causava um prejuízo inegável ao locador.

Basta analisar as decisões abaixo transcritas, que majoritariamente reconheciam a exoneração automática do fiador, tendo em vista a morte do locatário:

> LOCAÇÃO. AÇÃO DE DESPEJO CUMULADA COM COBRANÇA. FALECIMENTO DO LOCATÁRIO. PERMANÊNCIA DOS SUCESSORES. ART. 11 DA LEI Nº 8.245/91. CONTRATO PRORROGADO POR PRAZO INDETERMINADO. RESPONSABILIDADE DOS FIADORES. PAGAMENTO. AUSÊNCIA DE COMPROVANTES. Diante da ausência de comprovantes de pagamento dos locativos pelo ocupante, presume-se não terem ocorrido. O contrato de fiança possui natureza *intuitu personae* e a morte do locatário importa na exoneração da obrigação do fiador. Com a morte do locatário, ocorre a sub-rogação da locação, conforme rol das pessoas referidas no inciso I, do art. 11, da Lei nº 8.245/91. APELAÇÃO PROVIDA EM PARTE. SUCUMBÊNCIA MANTIDA.[19]
>
> CIVIL. PROCESSUAL CIVIL. LOCAÇÃO. AGRAVO REGIMENTAL NO AGRAVO DE INSTRUMENTO. MORTE DO LOCATÁRIO. EXTINÇÃO DA FIANÇA. OCORRÊNCIA. PRECEDENTES. AGRAVO REGIMENTAL IMPROVIDO. 1. É firme a jurisprudência do Superior Tribunal de Justiça no sentido de que, por ser contrato de natureza *intuitu personae*, porque importa a confiança que inspire o fiador ao credor, a morte do

---

[19] Apelação Cível nº 70010836765, Décima Quinta Câmara Cível, Tribunal de Justiça do RS, Relator: Ana Beatriz Iser, Julgado em 26/10/2005. *Ver também*: Apelação Cível nº 70009708629, Décima Sexta Câmara Cível, Tribunal de Justiça do RS, Relator: Ana Beatriz Iser, Julgado em 29/09/2004.

locatário importa em extinção da fiança e exoneração da obrigação do fiador. Precedentes. 2. Agravo regimental improvido.[20] RECURSO ESPECIAL. LOCAÇÃO. FIANÇA. INTERPRETAÇÃO RESTRITIVA. MORTE DO LOCATÁRIO. EXTINÇÃO DO CONTRATO. 1. O contrato de fiança deve ser interpretado restritivamente, não vinculando o fiador à prorrogação do pacto locatício sem sua expressa anuência, ainda que haja cláusula prevendo sua responsabilidade até a entrega das chaves. 2. Ressalva do ponto de vista do relator. 3. Por ser contrato de natureza *intuitu personae*, a morte do locatário importa em extinção da fiança e exoneração da obrigação do fiador. 4. Recurso provido.[21]

Com a nova redação trazida pelo § 1º do art. 12, obrigando os sucessores a comunicar a ocorrência da sub-rogação pela morte do locatário, por escrito, tanto ao locador quanto ao fiador, isso significa dizer que, a partir da alteração trazida pela Lei n. 12.112, essa sub-rogação só poderá produzir efeitos em relação ao locador e ao garantidor da locação se for comunicada por escrito.

Saliente-se que, embora a lei dê a entender que essa comunicação deva ser oferecida pelo locatário sub-rogado, o fiador tem muito mais interesse em acompanhar o curso da locação e, qualquer alteração que possa surgir, deverá ser o primeiro a tomar uma atitude. No caso da morte do locatário, o locatário sub-rogado, em muitas situações, deixa de fazer a comunicação.

Assim sendo, o fiador, na qualidade de responsável solidário, por força de cláusula contratual, deverá comunicar ao locador a morte do locatário e quem ficará no imóvel, e, se for de seu interesse, no mesmo ato já manifestar a sua intenção de desonerar-se da obrigação.

---

[20] AgRg no Ag 803977/SP – AGRAVO REGIMENTAL NO AGRAVO DE INSTRUMENTO 2006/0140049-5, Ministro Arnaldo Steves Lima, T5 – Quinta Turma, 01/03/2007, DJ 19/03/2007, p. 388.

[21] REsp 555615/RS RECURSO ESPECIAL 2003/0127343-6, Ministro Paulo Gallotti, T6 – Sexta Turma, j. 02/03/2004, DJ 04/10/2004, p. 56, RJP, vol. 1, p. 113. Mais: REsp 439945/RS RECURSO ESPECIAL 2002/0071842-4 e REsp 175057/MG, RECURSO ESPECIAL 1998/0037962-2.

Como a Lei n. 12.112/09 pôs fim à exoneração automática do fiador, nos casos de sub-rogação, a falta de comunicação da sub-rogação ao locador, seja pelo art. 11 ou pelo art. 12, não produzirá efeitos, mantendo o vínculo locatício originário, consequentemente, o fiador continuará responsável pelo sub-rogado.

A sub-rogação pela morte do locatário, portanto, recebeu da Lei n. 12.112/09 o mesmo tratamento dado à sub-rogação pelo cônjuge ou companheiro, após a separação ou divórcio, ou dissolução.

Nesse aspecto andou bem a lei, porque tanto o locador quanto o fiador necessitam tomar conhecimento de que o locatário não será mais aquele que originalmente contratou a locação, embora tenha sido omissa no que diz respeito aos efeitos decorrentes da inércia do locatário sub-rogado.[22]

O fiador, como será examinado, poderá permanecer ou não como garantidor. Se pretender exonerar-se, direito que a lei lhe concede, deverá atentar para os prazos fixados no § 2º do art. 12, a seguir abordados.

Com a exigência legal de comunicação ao locador e ao fiador, entendo que não se poderá mais falar em exoneração automática do fiador, uma vez que o objetivo da notificação é justamente permitir que ele possa manifestar o seu interesse em desobrigar-se da garantia, devendo agir dentro de 30 dias, a contar da data em que tomou ciência da sub-rogação. Se assim não o fizer, a garantia abarcará as obrigações do locatário sub-rogado.

Ao locador também é extremamente importante essa comunicação, não só para tomar conhecimento do que ocorre dentro do seu imóvel, mas, caso o fiador demonstre

---

[22] Como a lei é omissa em relação à falta de comunicação da sub-rogação, entende-se que é perfeitamente possível que o contrato de locação determine, através de cláusula contratual, que o fiador permanecerá responsável pelas obrigações do sub-rogado.

interesse em desonerar-se da garantia, para poder notificar o locatário sub-rogado exigindo-lhe que apresente novo fiador ou a substituição da modalidade da garantia,[23] no prazo de 30 dias, *sob pena de despejo, inclusive com direito a concessão de liminar*.[24]

É cediço que, enquanto o contrato de locação estiver vigendo por prazo determinado, de regra, o fiador não pode se exonerar da fiança prestada,[25] a não ser que tenha ocorrido mudança no locatário original, seja pelo art. 11 ou art. 12.

Por conseguinte, se o fiador pretender exonerar-se pela ocorrência da mudança do locatário original, deverá atender o prazo fixado no § 2º do art. 12, ou seja, ao receber a comunicação da sub-rogação, tem 30 dias para notificar o locador, comunicando-lhe que não pretende permanecer garantidor do locatário sub-rogado.

Trata-se de um direito potestativo do fiador para buscar a sua exoneração da garantia prestada. Se assim não o fizer, sua inércia vai mantê-lo responsável pelo locatário sub-rogado.

Esse trintídio é prazo decadencial, e o fiador que tiver a intenção de desonerar-se da obrigação, pela mudança do locatário original, deverá observá-lo.

---

[23] Ver art. 40, inc. IV, da Lei n. 8.245/91.

[24] Conforme a redação do parágrafo único do art. 40 combinado com o art. 59, § 1º, inc. VII, da Lei n. 12.112/2009.

[25] É a interpretação que se faz da redação do *Art. 835 do CC*: "O fiador poderá exonerar-se da fiança que tiver assinado *sem limitação de tempo*, sempre que lhe convier, ficando obrigado por todos os efeitos da fiança, durante 60 dias após notificação do credor" (grifo nosso). Ressalte-se que esse dispositivo, se aplicado, não deixará o fiador obrigado apenas por 60 dias, porque a redação da Lei 12.112/2009 ampliou o prazo, mantendo o fiador responsável *durante 120 dias*, após a notificação ao locador comunicando sua intenção em desonerar-se da obrigação, cf. arts. 12, § 2º e 40, inc. X. Assim, em se tratando de fiança de locação de imóvel urbano, não tem mais aplicação o prazo de 60 dias mencionado no art. 835, mas aquele dado pela redação da Lei n. 12.112, de *120 dias*.

Ressalte-se, ainda, pela redação desse parágrafo, que o fiador ficará responsável pelos efeitos da fiança durante 120 dias, a contar da data do recebimento da notificação pelo locador.

A nova lei acertadamente permite a exoneração da fiança quando ocorrer a sub-rogação, ainda que a locação esteja vigorando a prazo determinado, na medida em que não é certo obrigar o fiador a garantir outra pessoa que não o afiançado original.

Frise-se que, se o fiador não atuar dentro desse prazo, necessitará aguardar a prorrogação do prazo da locação para indeterminado para poder exonerar-se.[26]

A redação dada pela nova lei ao art. 12 e seus parágrafos teve por objetivo assegurar e proteger a segurança inaugural do contrato.

Por fim, é de ressaltar que essa obrigatoriedade de comunicação ao locador e ao fiador da ocorrência de sub-rogação na locação, seja por separação do casal, seja por morte do locatário, tem aplicação em qualquer espécie de locação – residencial e não residencial, e qualquer que seja o prazo do contrato, determinado ou indeterminado, embora a nova redação tenha mencionado no *caput* do art. 12 tão somente a *locação residencial*.

---

[26] De acordo com a redação do art. 40, inc. X, já com a nova redação.

Artigo 39

Salvo disposição contratual em contrário, qualquer das garantias da locação se estende até a efetiva devolução do imóvel, ainda que prorrogada a locação por prazo indeterminado, por força desta Lei.

Como era: Salvo disposição contratual em contrário, qualquer das garantias da locação se estende até a efetiva devolução do imóvel.

A limitação temporal da fiança sempre causou uma série de problemas, principalmente porque a redação anterior não mencionava que a garantia fidejussória se estendia quando prorrogada a locação por prazo indeterminado.

E era justamente neste ponto que surgiam as seguintes dúvidas: a) se o fiador assinou o contrato de locação como garantidor, por determinado tempo, passado este prazo, permaneceria obrigado até a efetiva entrega das chaves, o que comumente ocorria quando o contrato se prorrogava por prazo indeterminado? b) O fiador estaria exonerado automaticamente da garantia, quando o contrato se prorrogasse a prazo indeterminado, ou precisaria manifestar, por escrito, a sua intenção? c) O fiador poderia afastar esse direito de exonerar-se da garantia através de uma cláusula de renúncia?

É cediço que no prazo determinado do contrato, o fiador não poderá exonerar-se da garantia, salvo se ocorrer a sub-rogação na locação, ou seja, a mudança do locatário original, como examinado.

Contudo, a Lei do Inquilinato prevê que, passado o prazo determinado e o locador nada fizer para reaver o seu imóvel, o contrato de locação se prorroga por prazo indeterminado, mantidas todas as suas cláusulas e condições, nos termos do art. 46, § 1º, para as locações residenciais, e art. 56, parágrafo único, para as não residenciais.

Assim sendo, se a própria lei autoriza a prorrogação automática do contrato de locação, que é o contrato principal, com mais razão deve estender-se à prorrogação da garantia, que é contrato acessório, pela máxima *accessorium sui principalis naturam sequitur.*[27]

Todavia esse entendimento não era tão simples, pois, como o contrato acessório de fiança deveria ser interpretado restritivamente, segundo o Código Civil (art. 819), a responsabilidade do fiador precisava ficar adstrita aos locativos e encargos do pacto locatício firmado pelo prazo determinado, o que significava dizer que eventuais prorrogações do contrato, sem a anuência dos garantidores, não poderiam vinculá-los.

Nesse sentido, existiam inúmeras decisões que aplicavam o teor da Súmula n. 214 do Superior Tribunal de Justiça[28] e passavam a considerar o fiador exonerado automaticamente da obrigação, a partir do período em que o contrato havia se prorrogado para o prazo indeterminado, sob o fundamento de que o fiador garantiu a locação por prazo certo, não podendo obrigar-se pela prorrogação do contrato, com o que não havia anuído.

Esse entendimento estava equivocado, na medida em que a prorrogação do contrato de locação a prazo in-

---

[27] O acessório segue sempre a natureza de seu principal. Cf. RODRIGUES, Dirceu A. Victor. *Dicionário de Brocardos Jurídicos.* 6 ed. São Paulo: Sugestões Jurídicas, 1970.

[28] O fiador na locação não responde por obrigações resultantes de aditamento ao qual não anuiu.

determinado decorre da lei,[29] e não da vontade das partes. Assim sendo, o fiador não precisaria anuir com a prorrogação, pois ela ocorreria incondicionalmente! A dúvida era se ele permaneceria ou não garantidor nesse período de prorrogação ou estaria exonerado.

O próprio Superior Tribunal de Justiça tinha decisões antagônicas, que ora permitiam a exoneração automática do fiador, na prorrogação do contrato; ora decidiam que a sua obrigação se estendia até a devolução das chaves.

Basta ver as decisões transcritas, as quais consideravam o fiador exonerado automaticamente:

LOCAÇÃO. PROCESSUAL CIVIL. PREQUESTIONAMENTO IMPLÍCITO. POSSIBILIDADE. DIVERGÊNCIA JURISPRUDENCIAL. PRORROGAÇÃO DO CONTRATO. EXONERAÇÃO DO FIADOR QUE NÃO ANUIU. SÚMULA Nº 214 DO STJ. PRECEDENTES. 1. A inexistência do prequestionamento explícito, também denominado numerário, não prejudica o exame do recurso especial, uma vez que a jurisprudência desta Corte admite o prequestionamento implícito. 2. O contrato acessório de fiança obedece à forma escrita, é consensual, deve ser interpretado restritivamente e no sentido mais favorável ao fiador. Desse modo, a prorrogação do pacto locatício por tempo indeterminado, compulsória ou voluntariamente, desobriga o garante que a ela não anuiu. Precedentes. 3. Agravo regimental desprovido.[30]

PROCESSUAL CIVIL. LOCAÇÃO. EMBARGOS DE DECLARAÇÃO. NÃO-ALEGAÇÃO DE INFRINGÊNCIA AO ART. 535 DO CPC. PREQUESTIONAMENTO. AUSÊNCIA. SÚMULAS 282/STF E 211/STJ. FIANÇA. PRORROGAÇÃO DE CONTRATO SEM A ANUÊNCIA DO FIADOR. EXONERAÇÃO. SÚMULA 214/STF. DISSÍDIO JURISPRUDENCIAL NÃO DEMONSTRADO. AGRAVO IMPROVIDO. 1. A ausência de prequestionamento dos dispositivos legais tidos por violados pelo acórdão recorrido, ainda que opostos embargos declaratórios, atrai o óbice das Súmulas 282/STF e 211/STJ. Para conhecimento da via es-

---

[29] Para a locação residencial, a prorrogação do contrato por prazo indeterminado, está prevista no art. 46, § 1º; e a prorrogação da locação não residencial vem determinada pelo art. 56, parágrafo único.

30 AgRg no REsp 832271/SP – AGRAVO REGIMENTAL NO RECURSO ESPECIAL 2006/0065348-1, Ministra Laurita Vaz, 19/10/2006, 5ª T, DJ 20/11/2006 p. 359.

pecial, necessário seria a recorrente ter alegado ofensa, também, ao art. 535 do CPC. 2. É firme o entendimento deste Superior Tribunal no sentido de que o contrato acessório de fiança deve ser interpretado de forma restritiva e benéfica, vale dizer, a responsabilidade do fiador fica delimitada a encargos do pacto locatício originariamente estabelecido. 3. "O fiador na locação não responde por obrigações resultantes de aditamento ao qual não anuiu" (Súmula 214/STJ). 4. Agravo regimental improvido.[31]
RECURSO ESPECIAL. LOCAÇÃO. FIANÇA. PRORROGAÇÃO DO CONTRATO SEM ANUÊNCIA DOS FIADORES. EXONERAÇÃO. A jurisprudência da Corte vem-se firmando no sentido de não se admitir interpretação extensiva ao contrato de fiança, daí não poder ser responsabilizado o fiador por prorrogação de prazo do contrato de locação, a que não deu anuência, mesmo que exista cláusula de duração da responsabilidade do fiador até a efetiva entrega das chaves.[32]

Por outro lado, existiam decisões que entendiam inaplicável o enunciado da Súmula 214 e, consequentemente, mantinham o fiador obrigado, de acordo com as ementas:

APELAÇÃO CÍVEL. LOCAÇÃO. AÇÃO DE DESPEJO POR FALTA DE PAGAMENTO. BENEFÍCIO DE ORDEM. RENÚNCIA EXPRESSA. VALIDADE. CLÁUSULA DE SOLIDARIEDADE. O BENEFÍCIO DE ORDEM NÃO APROVEITA AO FIADOR QUE SE OBRIGOU COMO PRINCIPAL PAGADOR. FIANÇA. EXONERAÇÃO. CONTRATO DE LOCAÇÃO PRORROGADO POR TEMPO INDETERMINADO. O fato do fiador ter firmado contrato por prazo determinado com cláusula expressa prevendo eventuais prorrogações significa que tinha plena ciência da possibilidade da avença passar a valer por período indeterminado. Validade da previsão contratual da garantia fidejussória até a efetiva entrega das chaves do imóvel objeto da locação. Precedentes do STJ e deste Tribunal. POR UNANIMIDADE, NEGARAM PROVIMENTO AO RECURSO.[33]

---

[31] AgRg no Ag 422884/SP-AGRAVO REGIMENTAL NO AGRAVO DE INSTRUMENTO-2001/0132568-6, Ministro Arnaldo Esteves Lima, T5 – Quinta Turma, 04/08/2005, DJ 29/08/2005 p. 393.

[32] Recurso conhecido e provido. REsp 440110/SP, RECURSO ESPECIAL 2002/0057727-4, T5 – Quinta Turma, Relator Ministro José Arnaldo da Fonseca, 15/10/2002, DJ 11/11/2002 p. 284.

[33] Apelação Cível nº 70029545647, Décima Quinta Câmara Cível, Tribunal de Justiça do RS, Relator: Angelo Maraninchi Giannakos, Julgado em 26/08/2009.

LOCAÇÃO. FIANÇA. EXONERAÇÃO. PRORROGAÇÃO CONTRATUAL. ENUNCIADO Nº 214/STJ. INAPLICABILIDADE.
1. Na linha da atual jurisprudência da Terceira Seção desta Corte, não sendo hipótese de aditamento, mas de prorrogação contratual, a que os fiadores comprometeram-se até a entrega das chaves, tem-se como inaplicável o enunciado de nº 214 de nossa Súmula. 2. Agravo regimental a que se nega provimento.[34]

DIREITO CIVIL. PROCESSUAL CIVIL. AGRAVO REGIMENTAL NO AGRAVO DE INSTRUMENTO. RESPONSABILIZAÇÃO DOS FIADORES PELOS DÉBITOS LOCATÍCIOS ATÉ A EFETIVA ENTREGA DAS CHAVES DO IMÓVEL. EXISTÊNCIA. PRORROGAÇÃO AUTOMÁTICA DO CONTRATO DE LOCAÇÃO. EXONERAÇÃO AUTOMÁTICA DA FIANÇA. NÃO-OCORRÊNCIA. PRECEDENTE DO STJ. AGRAVO IMPROVIDO. 1. Havendo no contrato locatício cláusula expressa de responsabilidade do garante até a entrega das chaves, o fiador responde pela prorrogação do contrato, a menos que tenha se exonerado na forma do art. 1.500 do Código Civil de 1916 ou do art. 835 do Código Civil vigente, a depender da época da avença. Precedente do STJ. 2. Agravo regimental improvido.[35]

Do que se depreende desse último julgado citado, era a possibilidade de o fiador exonerar-se da garantia, nos termos do art. 1500 do Código Civil de 1916 (hoje art. 835), mas não que essa exoneração ocorresse automaticamente.

A doutrina, por sua vez, seguia esse entendimento, ao defender que o fiador poderia exonerar-se da garantia, no prazo de prorrogação do contrato, mas, se permanecesse inerte, sua responsabilidade se estenderia durante o prazo indeterminado do contrato. Significava que não aceitavam a ocorrência da exoneração automática.

Para Gildo dos Santos, terminado o prazo do contrato de locação, mas prorrogada esta por tempo indetermina-

---

[34] AgRg no Ag 1164633/SP, AGRAVO REGIMENTAL NO AGRAVO DE INSTRUMENTO 2009/0046973-0, Ministro Haroldo Rodrigues, T6 – Sexta Turma, 6/10/2009, DJe 23/11/2009.

[35] AgRg no Ag 1112081/RS AGRAVO REGIMENTAL NO AGRAVO DE INSTRUMENTO 2008/0237042-0, Ministro Arnaldo Esteves Lima, T5 – Quinta Turma, 23/06/2009, DJe 03/08/2009.

do, perdura a responsabilidade do fiador, se estabelecida até a entrega das chaves.[36]

Ao comentar o art. 39 da Lei do Inquilinato, Sylvio Capanema de Souza esclarece que a Súmula 214 do STJ não tem nada a ver com o art. 39, pois se refere a aditamentos feitos sem a anuência do fiador, majorações do valor da obrigação principal. A súmula, diz o Autor, *proclama o óbvio e nem precisaria ter sido editada, já que decorre da própria natureza do contrato de fiança*. Afirma, ainda, que o *art. 39 trata de prorrogação do contrato que é automática, e decorre da inércia do locador, quando se expira o prazo avençado, não há alteração do valor do aluguel, que permanece o mesmo, pois a lei determina, em caso de prorrogação, que se mantenham as mesmas cláusulas e condições do contrato original*.[37]

Por fim, o autor citado afirma:

> O que nos parece ter ficado evidente é que não mais se admitirá que o fiador pretenda se exonerar de pagar o débito deixado pelo seu afiançado pelo simples fato de ter o contrato se prorrogado por prazo indeterminado, o que era muito freqüente. Para que ele se alforrie do vínculo que o prende ao credor, será necessário que formalmente se exonere, nos termos do art. 835 do Código Civil.[38]

Assim ficava extremamente difícil saber qual desses posicionamentos o julgador iria acolher: aplicaria a Súmula 214 e consideraria exonerado automaticamente o fiador? Ou aplicaria o art. 39, mantendo-o responsável até a entrega das chaves? Ou, ainda, admitiria somente a exoneração feita pelo próprio fiador, nos termos do art. 835 do CC?

Na realidade era uma questão de sorte, pois ficava-se à mercê da corrente que seguiria o julgador!

Ora, mesmo existindo decisões jurisprudenciais que acolhessem a exoneração automática do fiador, sempre en-

---

[36] *Locação e Despejo*: comentários à Lei n. 8.245/91. São Paulo: RT, 1992. p. 40.
[37] SOUZA, Sylvio Capanema de. Obra citada, p. 168 e 169.
[38] Idem, ibidem, p. 170.

tendeu-se que o garantidor deveria permanecer responsável, no período de prorrogação, apenas conferindo-lhe a possibilidade de exonerar-se extra ou judicialmente, nunca automaticamente. Depois, é evidente que, com a redação do art. 835 do Código Civil,[39] a exoneração pode-se dar através de simples notificação ao locador.[40] E esta redação serviu para confirmar que a exoneração do fiador não se dá automaticamente, mas depende da sua vontade. Caso contrário, a lei civil iria afirmar que, passado o tempo determinado, o fiador estará automaticamente exonerado da garantia. Mas veja-se a expressão utilizada pela lei: *o fiador poderá exonerar-se da fiança que tiver assinado sem limitação de tempo*[41] (grifo aposto). Isto

---

[39] O Código Civil de 1916 trazia no art. 1500 a seguinte redação: O fiador poderá exonerar-se da fiança que tiver assinado sem limitação de tempo, sempre que lhe convier, ficando, porém, obrigado por todos os efeitos da fiança, anteriores ao ato amigável, ou à sentença que o exonerar. O fiador poderia exonerar-se amigável ou judicialmente, conforme redação da Lei Civil, porém, em qualquer delas, a exoneração produzia uma eficácia *ex nunc*, ou seja, de agora, a partir do ato amigável ou da sentença transitada em julgado. Já o Código Civil de 2002 alterou a redação da limitação temporal da fiança, ao prever no art. 835: O fiador poderá exonerar-se da fiança que tiver assinado sem limitação de tempo, sempre que lhe convier, ficando, obrigado por todos os efeitos da fiança, durante 60 dias após a notificação do credor. E a Lei n. 12.112/2009, trouxe mais uma alteração, ao dispor no art. 40, inc. X, que o fiador, após comunicar sua intenção de desonerar-se da obrigação, ficará obrigado por todos os efeitos da fiança, durante 120 dias após a notificação ao locador.

[40] Quanto à redação do art. 835 do CC, Carlos Roberto Gonçalves explica: O dispositivo traz significativas inovações, permitindo inicialmente a exoneração do fiador por meio de simples notificação ao credor, quando a jurisprudência exigia anteriormente a propositura de ação declaratória. In: Direito Civil Brasileiro, volume III: contratos e atos unilaterais. 6 ed., SP: Saraiva, 2009.

[41] Só quando o Código Civil entrou em vigor, é que se passou a admitir a exoneração extrajudicial do fiador, no caso de prorrogação do contrato, sem prazo determinado, de acordo com a redação do art. 835. A partir daí, basta que o fiador notifique o locador, manifestando que não tem mais interesse em ser o garantidor da locação. A lei lhe faculta este di-

quer dizer que a exoneração do fiador sempre dependerá da sua manifestação, por escrito, ao locador.

Com efeito, se o contrato de fiança só pode surgir da manifestação de vontade do fiador, expressa e escrita, o mesmo deve ocorrer no que diz respeito à sua exoneração, a qual também necessita da manifestação escrita e expressa de vontade do fiador.

Ao observar as mudanças trazidas pela Lei n. 12.112/09, é possível afirmar que a doutrina e algumas decisões jurisprudenciais estavam no caminho certo, ao defender a permanência da responsabilidade do fiador, mesmo depois de prorrogada a locação por prazo indeterminado.

Agora, a nova lei, ao trazer expressamente que quaisquer das garantias locatícias se estendem até a efetiva devolução do imóvel, ainda que prorrogada a locação por prazo indeterminado, põe fim a toda essa discussão, principalmente daquele entendimento equivocado da ocorrência de exoneração automática do fiador quando a locação se prorrogar a prazo indeterminado.[42]

É preciso destacar que não se pode confundir prazo da fiança com o prazo estabelecido no contrato de locação. Se não for avençado um prazo certo e determinado para a validade da fiança, prevalecerá o prazo estabelecido no contrato de locação.

---

reito, mantendo-o obrigado pelo prazo de 60 dias após a notificação. A partir daí, estará exonerado da obrigação. Nesse aspecto o Código Civil facilitou a situação do fiador, ao lhe permitir uma exoneração extrajudicial, sem a necessidade de ajuizar uma ação de exoneração, cuja eficácia da sentença era *ex nunc*, ou seja, o fiador só ficaria exonerado da garantia prestada depois do trânsito em julgado da sentença, o que levava anos de espera.

[42] Não se pode confundir a exoneração do fiador pela prorrogação do prazo da locação, que agora não se dará automaticamente, com a exoneração automática determinada pelo Código Civil, nas hipóteses mencionadas no art. 838.

Neste caso, é óbvio que a cláusula comumente escrita neste contrato que, embora inicialmente conste o prazo determinado, preveja a prorrogação para o prazo indeterminado, tão logo se finde aquele sem que haja oposição do locador, inclusive obrigando-o até a entrega das chaves, também atingirá o fiador.[43]

Assim sendo, se o fiador não quiser ter a sua responsabilidade estendida para o caso de prorrogação do contrato, deverá fazer constar no contrato de locação uma cláusula fixando um prazo certo à fiança, que não se confundirá com o prazo da locação.[44]

Essa cláusula é perfeitamente possível, tendo em vista a primeira parte da redação do art. 39, que dispõe sobre a possibilidade de se afastar a extensão da garantia até a efetiva devolução do imóvel, ainda que prorrogada por prazo indeterminado.

Na falta de uma disposição contratual em contrário, caso o contrato inicialmente celebrado por prazo determinado se prorrogue a prazo indeterminado, por força de lei, o fiador não ficará exonerado automaticamente, apenas a lei o autoriza a buscar a exoneração a qualquer tempo.[45]

---

[43] PONTES DE MIRANDA explica que se tem "de atender a que o contrato de locação pode ser com prazo e não no ser a fiança, ou ser com prazo a fiança sem que o contrato de locação o seja. Se o contrato de locação diz 'por dois anos', e a fiança apenas 'afiança o locatário até a entrega das chaves', o que se há de entender é que a fiança foi pelo tempo que dure a locação. Então, a fiança apanha a prorrogação (não a renovação do contrato), seja convencional seja legal. Se, apesar da cláusula 'até à entrega das chaves', a fiança frisa 'afiança, por dois anos', a fiança é pelos dois anos e pelo tempo em que, sem prorrogação, dure a permanência do locatário". Tratado de Direito Privado. Parte Especial. Tomo XLIV, 1963. 2. ed. Rio de Janeiro: Borsoi. p. 154.

[44] Saliente-se que findo o prazo estipulado no contrato de fiança, se houver, a Lei do Inquilinato permite que o locador exija novo fiador ou a substituição da garantia, nos termos do art. 40, inciso V.

[45] Nesse sentido a seguinte decisão do Superior Tribunal de Justiça: EMBARGOS DE DIVERGÊNCIA. LOCAÇÃO. FIANÇA. PRORROGAÇÃO. *CLÁUSULA* DE GARANTIA ATÉ A EFETIVA ENTREGA DAS

Para isso, basta que o fiador notifique o locador comunicando da sua intenção de desobrigar-se da fiança prestada, ficando responsável pelo prazo de 120 dias,[46] a contar dessa comunicação ao locador. Essa é redação do art. 40, inc. X, que será a seguir analisado.

Por outro lado, a dúvida poderá residir na possibilidade ou não de o fiador renunciar a esse direito de exoneração, através de cláusula contratualmente prevista.

Sempre existiu divergência acerca da possibilidade ou não de o fiador abrir mão desse direito. Os tribunais ora manifestam-se a favor, ora contra.

Cabe transcrever algumas ementas *favoráveis à renúncia* desse direito:

> CIVIL. LOCAÇÃO. PRORROGAÇÃO DO CONTRATO. FIANÇA. INTERPRETAÇÃO RESTRITIVA. EXONERAÇÃO. RENÚNCIA EXPRESSA. POSSIBILIDADE. ARTIGO 1500 DO CÓDIGO CIVIL. – É firme o entendimento de que, devendo o contrato de fiança ser interpretado restritivamente, não se pode admitir a responsabilização do fiador por encargos locatícios acrescidos ao pactuado originalmente sem a sua anuência. – A jurisprudência assentada nesta Corte construiu o pensamento de que é válida a renúncia expressa ao direito de exoneração da fiança, mesmo que o contrato de locação tenha sido prorrogado por tempo indefinido, vez que a faculdade prevista no artigo 1.500 do Códi-

---

CHAVES. Continuam os fiadores responsáveis pelos débitos locatícios posteriores à prorrogação legal do contrato se anuíram expressamente a essa possibilidade e não se exoneraram nas formas dos artigos 1.500 do CC/16 ou 835 do CC/02, a depender da época que firmaram a avença. Embargos de divergência a que se dá provimento. EREsp 566633/CE, EMBARGOS DE DIVERGÊNCIA NO RECURSO ESPECIAL 2004/0102172-5, Ministro Paulo Medina, S3 – Terceira Seção, 22/11/2006, DJe 12/03/2008.

[46] Como mencionado, não mais vigora, em matéria de contrato de locação de imóvel urbano, o prazo previsto no art. 835 do CC, de 60 dias, na medida em que a Lei do Inquilinato, lei especial, passa a regular a matéria, aumentando o prazo para 120 dias de responsabilidade do fiador, após ter notificado o locador.

go Civil trata-se de direito puramente privado. – Recurso especial não conhecido.[47] (grifo aposto)

APELAÇÃO CÍVEL. LOCAÇÃO. AÇÃO DE EXONERAÇÃO DE FIANÇA EM CONTRATO PRORROGADO POR PRAZO INDETERMINADO. RENÚNCIA. A cláusula de renúncia ao direito de exoneração da fiança não impede seu exercício. Precedentes inclusive do STJ. Sentença de procedência mantida. Apelo improvido.[48]

O próprio Superior Tribunal de Justiça admitiu como *válida a renúncia* ao direito à exoneração:

CIVIL. LOCAÇÃO. CONTRATO DE FIANÇA. Renúncia do direito à exoneração. Ação de despejo. Intimação do fiador. Desnecessidade.
– Se o contrato locatício prorrogado por prazo indeterminado subsiste nos termos anteriormente ajustados, permanece válida a cláusula de renúncia ao direito de exoneração da fiança assegurado no art. 1.500 do Código Civil. – Reconhecida a obrigação do fiador a prestar a garantia avençada, torna-se desnecessário a intimação para a ação de despejo.
– Recurso especial conhecido e provido.[49]

LOCAÇÃO. FIANÇA. RENÚNCIA DO DIREITO A EXONERAÇÃO. 1 – SEGUNDO ENTENDIMENTO PACÍFICO É VÁLIDA CLÁUSULA DE RENÚNCIA AO DIREITO DE EXONERAÇÃO À FIANÇA. 2 – RECURSO ESPECIAL CONHECIDO E PROVIDO.[50]

LOCAÇÃO. FIANÇA. EXONERAÇÃO. RENÚNCIA PRÉVIA. – A RENÚNCIA PRÉVIA DA FACULDADE EXPRESSA NO ART. 1.500 DO CÓDIGO CIVIL, IMPEDE O SEU POSTERIOR EXERCÍCIO. – PRECEDENTES DO STJ. – RECURSO PROVIDO.[51]

---

[47] REsp 318345/PR – RECURSO ESPECIAL 2001/0044379-6. T6 – Sexta Turma do STJ, Relator Ministro Vicente Leal, julgado em 13/08/2001. DJU 10/09/2001, p. 430.

[48] Apelação Cível nº 70023382328, Décima Quinta Câmara Cível, Tribunal de Justiça do RS, Relator Des. Paulo Roberto Felix, Julgado em 18/03/2009.

[49] REsp 263181/RS – RECURSO ESPECIAL 2000/0058865-2, REsp 263181/RS, T6 – Sexta Turma do STJ, Relator Ministro Vicente Leal, 14/12/2000.

[50] REsp 76.812/RS, T6 – Sexta Turma do STJ, Relator Ministro Fernando Gonçalves, DJ. 24/02/1997.

[51] REsp 142.752/RS, T6 – Sexta Turma do STJ, Relator Ministro William Patterson, DJ. 22/09/1997.

CIVIL. LOCAÇÃO. PRORROGAÇÃO DO CONTRATO. FIANÇA. INTERPRETAÇÃO RESTRITIVA. EXONERAÇÃO. RENÚNCIA EXPRESSA. POSSIBILIDADE. ARTIGO 1500 DO CÓDIGO CIVIL. – É firme o entendimento de que, devendo o contrato de fiança ser interpretado restritivamente, não se pode admitir a responsabilização do fiador por encargos locatícios acrescidos ao pactuado originalmente sem a sua anuência. – A jurisprudência assentada nesta Corte construiu o pensamento de que é válida a renúncia expressa ao direito de exoneração da fiança, mesmo que o contrato de locação tenha sido prorrogado por tempo indefinido, vez que a faculdade prevista no artigo 1.500 do Código Civil trata-se de direito puramente privado. – Recurso especial não conhecido.[52]

A fundamentação principal para a defesa do direito de o fiador renunciar à exoneração consubstancia-se no fato de que o fiador não pode permanecer eternamente garantidor. Além disso, o direito de exonerar-se da fiança está regulado pelo Código Civil, lei que trata de direito privado, não de interesse público, razão pela qual é perfeitamente admissível ao titular renunciá-lo.[53]

Por outro lado, observem-se as decisões *contrárias à cláusula de renúncia*, sob o fundamento de ser abusiva:

LOCAÇÃO. FIANÇA. INTERPRETAÇÃO RESTRITIVA. PRORROGAÇÃO DO CONTRATO SEM ANUÊNCIA DOS FIADORES. ENTREGA DAS CHAVES. RENÚNCIA AO ART.1.500 DO CÓDIGO CIVIL. IMPOSSIBILIDADE. SÚMULA 214/STJ. – A jurisprudência assentada nesta Corte construiu o pensamento de que, devendo ser o contrato de fiança interpretado restritivamente, não se pode admitir a responsabilização do fiador por encargos locatícios decorrentes de contrato de locação prorrogado sem a sua anuência, ainda que exista cláusula estendendo sua obrigação até a entrega das chaves e que tenha sido renunciado

---

[52] REsp 318345/PR RECURSO ESPECIAL 2001/0044379-6, Ministro Vicente Leal, T6 – Sexta Turma, 14/08/2001, DJ 10/09/2001, p. 430.

[53] ARNALDO MARMITT analisa, com muita propriedade, os argumentos favoráveis e desfavoráveis acerca da cláusula de renúncia do fiador. Ver: *Fiança Civil e Comercial*. Rio de Janeiro: Aide, 1989, p. 239 a 243.

ao direito de exonerar-se da garantia. Precedentes. – Recurso especial conhecido e provido.[54]

CIVIL. PROCESSUAL CIVIL. LOCAÇÃO. RECURSO ESPECIAL. DECISÃO *EXTRA PETITA*. NÃO-OCORRÊNCIA. PREQUESTIONAMENTO. AUSÊNCIA. SÚMULAS 282 E 356/STF. LOCAÇÃO POR PRAZO INDETERMINADO. ALTERAÇÃO DO QUADRO SOCIETÁRIO DA EMPRESA AFIANÇADA. EXONERAÇÃO DA FIANÇA. POSSIBILIDADE. RENÚNCIA. IMPOSSIBILIDADE. PRECEDENTES. [...] 5. É nula a cláusula contratual mediante a qual o fiador renuncia ao direito de exonerar-se da obrigação, nas hipóteses em que a locação vige por prazo indeterminado. Precedentes. [...]. Recurso especial conhecido e improvido.[55]

APELAÇÃO CIVIL. AÇÃO DE EXONERAÇÃO DE FIANÇA. LOCAÇÃO NÃO RESIDENCIAL. CONTRATO DE LOCAÇÃO PRORROGADO POR PRAZO INDETERMINADO. NOTIFICAÇÃO EXTRAJUDICIAL PROCEDIDA. Invalidade da cláusula contratual que dispõe sobre renúncia ao direito de exoneração da fiança. Manifesta adesão. Prerrogativa prevista no Art. 835 do Código Civil vigente. Sentença mantida por seus próprios fundamentos jurídicos e de direito. Por unanimidade, negaram provimento ao apelo.[56]

APELAÇÃO CÍVEL. LOCAÇÃO. AÇÃO DE EXONERAÇÃO DE FIANÇA. CONTRATO DE LOCAÇÃO POR PRAZO INDETERMINADO. CLÁUSULA DE RENÚNCIA AO DIREITO DE EXONERAÇÃO. ABUSIVIDADE. A teor da iterativa jurisprudência da Corte, é manifestamente abusiva e, portanto, ineficaz a cláusula contratual que prevê renúncia ao direito de exoneração da fiança prestada em contrato com prazo indeterminado, atrelando-o ao momento da efetiva entrega das chaves. Precedentes. Apelação desprovida.[57]

---

[54] REsp 401481/MG RECURSO ESPECIAL 2001/0194331-7, T6 – SEXTA TURMA, Relator Ministro Vicente Leal, 16/04/2002, DJ 13/05/2002, p. 246, RSTJ vol. 157, p. 605.
[55] REsp 884.917/PR, T5 – Quinta Turma do STJ, Relator Min. Arnaldo Esteves Lima, julgado em 17-04-2007.
[56] Apelação Cível nº 70014830491, 15ª Câmara Cível do TJRS, Des. Angelo Maraninchi Giannakos, , julgada em 03-05-2006.
[57] AC 70019895069, 16ª Câmara Cível do TJRS, Relatora Desa. Ana Maria Nedel Scalzilli, julgada em 08-08-2007.

O principal argumento que leva ao entendimento de ineficácia da cláusula de renúncia do fiador, à faculdade de exoneração, diz respeito à impossibilidade de alguém renunciar a um direito que ainda não tenha, uma vez que tal cláusula é colocada inicialmente no contrato de locação, quando ainda não ocorreu a prorrogação do prazo determinado para indeterminado. Tal renúncia só poderia ser admitida se feita depois da prorrogação.[58]

Portanto, o ponto central da discussão dirá respeito tão somente à validade ou não da cláusula de renúncia ao direito de exoneração, previsto no art. 835 do Código Civil e art. 40, inciso X, da Lei do Inquilinato, o que é extremamente importante definir, já que a maioria dos contratos de locação contém cláusula de renúncia ao direito de exoneração.

Como a nova redação possibilitou expressamente o fiador desonerar-se da garantia, quando a locação se prorrogar por prazo indeterminado, entende-se que é ineficaz a cláusula contratual que prevê a possibilidade do fiador renunciar a esse direito antes de prorrogada a locação, pois o fiador não pode se exonerar de um direito que ainda não tenha.[59]

Entretanto, perfeitamente válido e eficaz estabelecer um prazo para que o fiador exerça o direito de exonerar-se da garantia, tão logo o contrato de locação se prorrogar a prazo indeterminado. Inclusive, sugire-se que se lhe conceda o prazo de 30 dias para exonerar-se, sob pena de permanecer garantidor até a entrega definitiva das chaves.

---

[58] MARMITT, Arnaldo. *Fiança Civil e Comercial*. Rio de Janeiro: Aide, 1989, p. 236 a 238.

[59] Nem se diga que a cláusula do benefício de ordem, também reputado como um direito futuro, é perfeitamente renunciável, já que sua validade está sendo posta em dúvida. O Enunciado n. 364, aprovado na IV Jornada de Direito Civil, promovida pelo Conselho da Justiça Federal, já entendeu: *no contrato de fiança é nula a cláusula de renúncia antecipada ao benefício de ordem quando inserida em contrato de adesão.*

É de se atentar para o fato de que, quando a nova lei trouxe a possibilidade de o fiador exonerar-se pela ocorrência de sub-rogação na locação, ainda que vigendo por prazo determinado, também concedeu ao garantidor o prazo de 30 dias para manifestar o seu interesse em exonerar-se das responsabilidades, nos termos do § 2º do art. 12, sob pena de responsabilizá-lo pelo locatário sub-rogado.

O mesmo pode ocorrer com a exoneração possibilitada pela prorrogação para prazo indeterminado do contrato, mas com uma diferença, ao invés da lei determinar o prazo, as partes poderão convencioná-lo no contrato de locação.

Como é sabido, o direito à exoneração é um direito potestativo do fiador, pois surge para ele, e não cabe a outra parte contratante fazer nada a não ser se sujeitar.[60]

Assim determinar-lhe um prazo para fazer valer o seu direito é perfeitamente possível, já que se exonerar da responsabilidade é um direito de caráter privado, que interessa ao fiador, e, portanto, as partes podem estipular um

---

[60] Diferentemente do direito subjetivo, que tem prestação e, por isto, pode ser violado. Violado o direito, nasce para o titular o direito de exigir, ou seja, a pretensão, que deverá ser exercida dentro de um determinado tempo, fixado pela lei. Já os direitos potestativos não estão sujeitos a uma prestação, consequentemente não podem ser violados. Ficam subordinados à sujeição da outra parte e não a prestação, e, portanto, é um direito sem pretensão. Por isso que os direitos subjetivos prescrevem; enquanto que os direitos potestativos decaem. Maria Helena Diniz aduz que a decadência *dá-se quando um direito potestativo não é exercido extrajudicial ou judicialmente dentro do prazo. Atinge um direito sem pretensão, porque tende à modificação do estado jurídico existente... Supõe, a decadência, direito sem pretensão, pois a ele não se opõe um dever de quem quer que seja, mas uma sujeição de alguém... O exercício do direito afasta a decadência, uma vez que esta apenas se dá se o direito não for exercido.* Curso de Direito Civil Brasileiro. 1º volume: teoria geral do direito civil. 24 ed. rev. e atual. de acordo com a reforma do CPC. São Paulo: Saraiva, 2007, p. 406.

prazo para seu exercício. Trata-se de uma decadência convencional, permitida pelo art. 211 do Código Civil.[61]

Por outro lado, defende-se que esse direito à exoneração da garantia pode ser impedido quando preexistir débito do afiançado, porque o fiador, por cláusula contratual, é o principal pagador da obrigação, solidariamente responsável por todas as obrigações do locatário e não pode desonerar-se de uma obrigação enquanto existirem alugueres e ou encargos a serem pagos.

Embora silentes o Código Civil e a Lei n. 12.112/2009 nesse aspecto, preocupando-se tão somente com a limitação do tempo, entendo que o fiador deve estar quite com suas obrigações para poder exonerar-se da garantia. A locação, como é cediço, é um contrato de trato sucessivo ou de execução continuada, cuja prestação do aluguel não tem efeito liberatório, visto que o contrato continua até a sua extinção.

Assim, quando o locador receber a notificação do fiador, comunicando sua intenção em desonerar-se da obrigação, deve, necessariamente, contranotificar aduzindo que não aceita a exoneração, enquanto não saldar integralmente o débito existente. É interessante, inclusive, que no próprio contrato de locação exista uma cláusula vedando ao fiador fazer uso desse direito, enquanto pendente débito com alugueres e ou encargos da locação.

Enfim, passando a viger o contrato de locação por prazo indeterminado, o fiador poderá exonerar-se da fiança,

---

[61] A decadência convencional, explica Yussef Said Cahali, se caracteriza como sendo ato bilateral, e desse modo somente o favorecido teria interesse no seu reconhecimento, restando incólume, portanto, ao controle oficial – envolvendo um direito dispositivo, o juiz dela somente conhecerá se for alegada pela parte a quem aproveita, alegação essa que pode ser feita em qualquer grau de jurisdição, nas mesmas condições da prescrição (art. 193). Ver: *Prescrição e Decadência*. São Paulo: RT, 2008. p. 189.

mesmo tendo renunciado a esta prerrogativa.[62] Em havendo manifestação do fiador de desobrigar-se da garantia, o locador não ficará prejudicado, pois a lei permite que exija do locatário outro fiador ou nova garantia, nos termos do art. 40, parágrafo único, que será examinado a seguir.

Dessa forma, a Súmula n. 214 do Superior Tribunal de Justiça só pode ser aplicada quando ocorrer acordos que alterem a obrigação principal, sem a participação do fiador, exonerando-o automaticamente. É o único caso em que ocorrerá a exoneração automática e imediata do fiador.[63]

Cabe salientar, ainda, outro posicionamento dos Tribunais que está em desconformidade com o Código Civil, diz respeito à nulidade ou anulação da fiança prestada sem a outorga uxória do cônjuge. Embora não seja uma matéria abarcada pela Lei n. 12.112/09, é importante tecer alguns comentários. Algumas decisões do Tribunal de Justiça do Rio Grande do Sul entendem que é nula a fiança prestada, invalidando o ato por inteiro, de acordo

---

[62] Já o Tribunal de Alçada do Rio Grande do Sul (extinto e incorporado pelo TJRGS – Lei 11.133, de 15.04.98 –DOU 16.04.98) editou a Súmula nº 6: *O fiador, uma vez prorrogada a locação residencial por força de lei, pode exonerar-se da fiança, embora tenha renunciado, quando a prestou, ao exercício da faculdade do artigo 1500 do CC (de 1916).*(Referência: CC, art.1500. Unif. de Jurispr. nº 187024070 (acórdão publicado na revista Julgados do TARGS, 64/146). A propósito, segue decisão que aplicou essa Súmula: *Locação. Exoneração de fiança. Possibilidade, ainda que avençada a renúncia ao direito previsto no art. 1500, CC. Súmula 6 do extinto TARGS.* Apelação Cível nº 598589240, Segunda Câmara de Férias Cível, Tribunal de Justiça do RS, Relator: Orlando Heemann Júnior, Julgado em 22/09/1999.

[63] Nesse sentido o Enunciado nº 547 do Conselho de Justiça Federal, aprovado na VI Jornada de Direito Civil: Na hipótese de alteração da obrigação principal sem o consentimento do fiador, a exoneração deste é automática, não se aplicando o disposto no art. 835 do Código Civil quanto à necessidade de permanecer obrigado pelo prazo de 60 (sessenta) dias após a notificação ao credor, ou de 120 (cento e vinte) dias no caso de fiança locatícia. Artigos 366 e 835 do Código Civil e artigo 40, X, da Lei 8.245/91.

com a Súmula 332[64] do Superior Tribunal de Justiça. Ora, todas as decisões que precederam essa Súmula estavam relacionadas com o Código Civil de 1916, de acordo com artigo 235, III. Para este diploma legal a fiança prestada sem a outorga de um dos cônjuges realmente tornava nula a garantia.

Contudo, o Código Civil de 2002 trouxe uma nova redação, prevendo, no artigo 1.647, a necessidade de autorização do outro cônjuge para prestar fiança, mas disciplinou, no artigo 1.648, a possibilidade de o julgador suprir a outorga. Além disso, no artigo 1.649, menciona, expressamente, que a falta dessa autorização, não suprida pelo juiz, tornará anulável o ato praticado.

Dessa forma, não tem mais aplicação a Súmula 332 do Superior Tribunal de Justiça, pois a fiança prestada, sem a outorga marital ou uxória, é ato anulável, e não ato nulo,[65] necessitando, com urgência, seja revisto esse posicionamento jurisprudencial.

---

[64] "A fiança prestada sem a autorização de um dos cônjuges implica a ineficácia total da garantia". Essa Súmula foi aprovada em novembro de 2006, utilizando o termo "outorga uxória", referindo-se somente à falta da assinatura da mulher. Somente em março de 2008, a Corte Especial do Superior Tribunal de Justiça alterou a redação retirando o termo "uxória".

[65] O artigo 1.649 do Código Civil é claro ao prever a nulidade relativa (ato anulável) da fiança prestada sem a autorização do outro cônjuge. Tanto é assim que prevê a possibilidade do juiz suprir a autorização; de um prazo decadencial de até dois anos depois de terminada a sociedade conjugal, para que o cônjugeque não a assinou pleiteie a anulação. Ora, se se tratasse de ato nulo, como tem sido o posicionamento de algumas decisões jurisprudenciais (nesse sentido, ver as decisões ns. 70040146771, 70051753069 e 700522778925 do Tribunal de Justiça do Rio Grande do Sul), não poderia haver a previsão do suprimento pelo juiz; de prazo decadencial para o ajuizamento da ação de anulação e, muito menos, da previsão de que somente o cônjuge que não autorizou a fiança pudesse pleiteá-la. O ato nulo não pode ser suprido pelo juiz; não prescreve, nem decai, e pode ser pleiteado por qualquer interessado, conforme artigos 168 e 169 do Código Civil.

Artigo 40
[...]
I – [...]
II – ausência, interdição, recuperação judicial, falência ou insolvência do fiador, declaradas judicialmente;
[...].
**X – prorrogação da locação por prazo indeterminado uma vez notificado o locador pelo fiador de sua intenção de desoneração, ficando obrigado por todos os efeitos da fiança, durante 120 (cento e vinte) dias após a notificação ao locador.
Parágrafo único. O locador poderá notificar o locatário para apresentar nova garantia locatícia no prazo de 30 (trinta) dias, sob pena de desfazimento da locação**
Como era: Art. 40. O locador poderá exigir novo fiador ou a substituição da modalidade de garantia, nos seguintes casos:
I – morte do fiador;
II – ausência, interdição, falência ou insolvência do fiador, declaradas judicialmente;
III – alienação ou gravação de todos os bens imóveis do fiador ou sua mudança de residência sem comunicação ao locador;
IV – exoneração do fiador;
V – prorrogação da locação por prazo indeterminado, sendo a fiança ajustada por prazo certo;
VI – desaparecimento dos bens móveis;
VII – desapropriação ou alienação do imóvel.
VIII – exoneração de garantia constituída por quotas de fundo de investimento;
IX – liquidação ou encerramento do fundo de investimento de que trata o inciso IV do art. 37 desta Lei.

Esse dispositivo prevê várias hipóteses de o locador exigir do locatário um novo fiador ou uma nova garantia locatícia para restabelecer a garantia inaugural do contrato.

A Lei n. 12.112 ampliou a redação do inciso II, abarcando o fiador que ingresse em regime de recuperação judicial.[66] Comprovada esta situação, através de cópia da decisão do julgador que concedeu o pedido de recuperação judicial,[67] o locador poderá exigir do locatário que, no prazo de *30 dias*, apresente um novo fiador ou uma nova garantia para que seja mantida a segurança inicial do contrato, sob pena de desfazimento da locação, o que se dará através de uma ação de despejo, com pedido liminar, nos termos do inciso VII, do art. 59.

A alteração feita é extremamente salutar na medida em que uma empresa ou empresário fiador, que esteja nessa situação, por óbvio está passando por uma dificuldade financeira e, quem sabe, não poderá no futuro assumir as dívidas deixadas pelo afiançado.[68]

Outra inovação está no inciso X, que foi acrescentado ao art. 40 da Lei do Inquilinato, pela redação da Lei n. 12.112/2209.

Como examinado, a nova lei não desobrigou automaticamente o garantidor da obrigação pelo fato de o contrato se prorrogar a prazo indeterminado, somente permitiu sua exoneração judicial ou extrajudicial.

---

[66] Ver: Lei n. 11.101, de 9 de fevereiro de 2005, que regula a recuperação judicial, a extrajudicial e a falência do empresário e da sociedade empresária.

[67] De acordo com os artigos 51 e seguintes da Lei n. 11.101/2005.

[68] Note-se que a nova lei não incluiu a hipótese de recuperação extrajudicial, o que denota uma falha considerável, na medida em que o devedor que se encontra nesta situação igualmente está em dificuldade financeira, podendo também colocar em risco a garantia locatícia prestada no contrato de locação.

Para tanto, o fiador, após ter notificado o locador manifestando seu interesse em desobrigar-se da garantia, ficará responsável durante 120 dias, a contar da notificação ao locador.

Assim sendo, como mencionado, não tem mais aplicação a redação do art. 835 do Código Civil, que mantinha o fiador responsável por 60 dias, pois, pelo *princípio da especialidade*, segundo o qual *lex specialis derogat legi generali*, a Lei do Inquilinato, lei especial, ao prever prazo diferenciado da Lei Civil, lei geral, deve prevalecer.

A Lei n. 12.112 também previu a possibilidade do locador, uma vez comunicado da intenção do fiador em desonerar-se da obrigação, exigir do locatário uma nova garantia, no prazo de 30 dias, sob pena de desfazimento da locação, nos termos do art. 40, parágrafo único, inciso X.

Como afirmado, o locador não terá prejuízo, pois se o locatário ficar inerte e não apresentar novo fiador ou nova garantia, no prazo de 30 dias, contados do recebimento da notificação, poderá optar entre cobrar-lhe antecipadamente o aluguel, conforme art. 42, e/ou mover-lhe a ação de despejo, com a concessão de liminar, nos termos do art. 59, § 1º, inciso VII.

Não se confunde a redação do inciso X, com a do inciso IV, que trata da exoneração do fiador. Este inciso já existia na redação anterior, que tratava justamente dos casos de exoneração do fiador previstos taxativamente no art. 838 do Código Civil[69] e que independem da manifestação de vontade do fiador. É a lei que extingue a garantia fidejussória, não a vontade do fiador.

---

[69] Tais como a concessão de moratória ao devedor, sem o consentimento do fiador; a frustração da sub-rogação legal do fiador nos direitos e preferências e a aceitação, em pagamento da dívida, de dação em pagamento feita pelo devedor, ainda que depois venha a perdê-lo por evicção, nos termos do art. 838 do Código Civil.

Igualmente inconfundível com a redação do inciso V, já existente na Lei do Inquilinato e que não sofreu alteração. Este inciso trata justamente da diferença entre a fiança com prazo certo e o prazo do contrato de locação, como já examinado. É óbvio que se a fiança for celebrada por determinado prazo, extingue-se com o advento do seu termo, possibilitando ao locador exigir novo fiador ou nova garantia. Já o inciso X atinge contratos cujo prazo da fiança é o mesmo do contrato de locação, razão pela qual se estendeu a responsabilidade do fiador ao período de prorrogação da locação, por força de lei, como já explicado.

Artigo 59
[...]
§ 1º [...]
[...]
VI – o disposto no inciso IV do art. 9º, havendo a necessidade de se produzir reparações urgentes no imóvel, determinadas pelo poder público, que não possam ser normalmente executadas com a permanência do locatário, ou, podendo, ele se recuse a consenti-las;
VII – o término do prazo notificatório previsto no parágrafo único do art. 40, sem apresentação de nova garantia apta a manter a segurança inaugural do contrato;
VIII – o término do prazo da locação não residencial, tendo sido proposta a ação em até 30 (trinta) dias do termo ou do cumprimento de notificação comunicando o intento de retomada;
IX – a falta de pagamento de aluguel e acessórios da locação no vencimento, estando o contrato desprovido de qualquer das garantias previstas no art. 37, por não ter sido contratada ou em caso de extinção ou pedido de exoneração dela, independentemente de motivo.
[...]
§ 3º No caso do inciso IX do § 1º deste artigo, poderá o locatário evitar a rescisão da locação e elidir a liminar de desocupação se, dentro dos 15 (quinze) dias concedidos para a desocupação do imóvel e independentemente de cálculo, efetuar depósito judicial que contemple a totalidade dos valores devidos, na forma prevista no inciso II do art. 62.

Como era: Art. 59. Com as modificações constantes deste capítulo, as ações de despejo terão o rito ordinário.
§ 1º Conceder-se-á liminar para desocupação em quinze dias, independentemente da audiência da parte contrária e desde que prestada a caução no valor equivalente a três meses de aluguel, nas ações que tiverem por fundamento exclusivo:
I – o descumprimento do mútuo acordo (art. 9º, inciso I), celebrado por escrito e assinado pelas partes e por duas testemunhas, no qual tenha sido ajustado o prazo mínimo de seis meses para desocupação, contado da assinatura do instrumento;
II – o disposto no inciso II do art. 47, havendo prova escrita da rescisão do contrato de trabalho ou sendo ela demonstrada em audiência prévia;
III – o término do prazo da locação para temporada, tendo sido proposta a ação de despejo em até trinta dias após o vencimento do contrato;
IV – a morte do locatário sem deixar sucessor legítimo na locação, de acordo com o referido no inciso I do art. 11, permanecendo no imóvel pessoas não autorizadas por lei;
V – a permanência do sublocatário no imóvel, extinta a locação, celebrada com o locatário.
2º Qualquer que seja o fundamento da ação dar-se-á ciência do pedido aos sublocatários, que poderão intervir no processo como assistentes.

Esse dispositivo trata das ações despejatórias em que se pode solicitar ao julgador a concessão de liminar para que o locatário desocupe o imóvel no prazo de 15 dias, sem a ouvida da parte ré, ou seja, *inaudita altera parte, e desde que o locador preste uma caução*[70] *de três meses de alugueres.*

Saliente-se que a concessão da medida liminar, conforme explicita o § 1º, fica condicionada a prestação de uma caução de três meses do aluguel vigente, por parte do locador, cujo objetivo é servir de ressarcimento ao locatário, caso o despejo, no final, venha a ser julgado improcedente, pois sempre se entendeu que o locatário jamais retornaria ao imóvel, apenas levantaria a caução para servir de re-

---

[70] A caução é prestada nos próprios autos do despejo, com a lavratura do termo próprio. Pode ser em dinheiro, real ou fidejussória, nos termos do § 1º do art. 64.

paração pelos prejuízos sofridos. Isso não impediria uma ação de indenização própria contra o locador, abatido o valor da caução porventura levantada pelo locatário.

Essa caução pode ser em dinheiro, real ou fidejussória; sendo em dinheiro, o locador efetua o depósito judicial, permanecendo à disposição do juízo.

Ressalte-se que o Julgador não deve obstaculizar a concessão da liminar, nem modificar o valor da caução ou tampouco alterar o prazo concedido pela lei para desocupação.[71] Deve aplicar integralmente as determinações do dispositivo legal, para que a lei atinja o seu objetivo que é o de agilizar o procedimento de alguns despejos.

Cabe salientar que essas alterações para concessão de liminar, trazidas pelo artigo em comento, desde que preenchidos os requisitos, têm aplicação imediata sobre todas as ações de despejo, inclusive nas que estiverem em curso, já que é norma processual, nos termos do art. 1.211 do CPC.[72]

A previsão anterior da Lei do Inquilinato apenas abarcava cinco espécies de ações despejatórias,[73] que permitiam a concessão de liminar, pois é extremamente penoso retirar o locatário em um tempo tão exíguo.

---

[71] Contudo, excepcionalmente isso pode ocorrer. Cabe trazer à lume a decisão da 16ª Câmara Cível do Tribunal de Justiça do Rio Grande do Sul, no julgamento do Agravo de Instrumento n. 70049331903, em que o Relator Desembargador Paulo Sérgio Scarparo, confirmou a decisão do Julgador "a quo" que deferiu a dilação de prazo para cumprimento de liminar despejatória para 60 dias, para que não ocorresse prejuízo a terceiros, alheios à relação locatícia. Tratava-se do despejo por falta de pagamento de uma empresa prestadora de serviços de informática, na qual eram lecionadas aulas, com alunos matriculados, e o decurso do prazo se daria durante as férias escolares.

[72] Quanto às normas de direito material, deve ser observado o art. 6º da LICC.

[73] As hipóteses estão nos incisos I a V do art. 59, as quais não foram alteradas pela nova lei.

A nova lei inseriu mais quatro incisos, ampliando o leque de despejos que permitirão a liminar para desocupação em 15 dias, antes mesmo de o locatário ser ouvido no processo,[74] os quais merecem exame.

Quanto ao *inciso VI*, a previsão anterior da Lei do Inquilinato apenas determinava a possibilidade de se desfazer a locação para a realização de reparos urgentes determinados pelo Poder Público, nos termos do art. 9º, inc. IV.[75] Contudo, não havia previsão da concessão de liminar, na medida em que não estava arrolado dentre os casos previstos na redação anterior do art. 59. Cabia, excepcionalmente, a solicitação de uma tutela antecipada, desde que observados os requisitos determinados pelo art. 273 do Código de Processo Civil.[76]

A Lei n. 12.112 veio para suprir essa falha, ao designar um inciso específico para esse tipo de despejo. Assim sendo, se o locador for notificado pela autoridade administrativa para realizar reparos urgentes no imóvel, fica obrigado a fazê-los. Se não puderem ser realizados com o locatário dentro do imóvel, ou haja recusa em consenti-los, o locador poderá rescindir a locação,[77] através de ação de despejo, com a concessão da liminar, consoante art. 59, § 1º, inciso VI.

---

[74] Observe-se que o rol do art. 59 não é taxativo. Também é possível antecipar a tutela despejatória, desde que preenchidos os requisitos do art. 273 do CPC, como examinado adiante.

[75] Ressalte-se que esses reparos urgentes não se confundem com aqueles mencionados no art. 26 da Lei do Inquilinato, que trata de reparos necessários no imóvel que não foram determinados pela autoridade pública, mas obras que devem ser feitas para pôr o imóvel em condições de habitabilidade para o locatário, inclusive por questões de segurança do imóvel, mas ainda não há a determinação da sua realização pelo município.

[76] Importante analisar as observações acerca do cabimento da antecipação de tutela nas ações despejatórias citadas, com muita propriedade, por Sylvio Capanema de Souza, em sua obra *A Lei do Inquilinato Comentada*. 5 ed. Rio de Janeiro: GZ, 2009, p. 259 a 262.

[77] A Lei Inquilinária n. 6.649/79 também possibilitava o despejo, nos termo do art. 52, IX; posteriormente, a de n. 8.245/91 previu no art. 9º,

É evidente que o locador somente poderá obter a liminar se comprovar, com a inicial, a intimação remetida pela autoridade pública (documento público), determinando os reparos, a impossibilidade de realizar a obra com o locatário permanecendo no imóvel ou a sua recusa em consenti--la, sob pena de ser carecedor de ação, nos termos do art. 267, inc. VI, do CPC;[78] sendo inviável o despejo baseado em laudo particular.

Quanto ao *inciso VII*, a Lei incluiu, dentre os casos de ação de despejo com liminar, aquela situação prevista no parágrafo único do art. 40, como já examinado, ou seja, quando o locador é notificado pelo fiador comunicando que não será mais o garantidor, imediatamente comunicará o locatário, exigindo-lhe que, no prazo de 30 dias, apresente um novo fiador ou outra garantia.

Se o locatário permanecer inerte, durante esse prazo, a nova lei autoriza o locador por fim à relação locatícia, através de uma ação de despejo, com a possibilidade de retirá-lo do imóvel, liminarmente, em 15 dias. Ressalte-se que toda essa prova deverá instruir a inicial, pois na dúvi-

---

inc. IV, a possibilidade de a locação ser desfeita, contudo essas redações anteriores não autorizavam a concessão da liminar, como o fez a Lei n. 12.112/2009, ao incluí-la em um inciso do art. 59, § 1º. Essa hipótese de resolução, sem culpa, pode se dar qualquer que seja o prazo que vigore a locação – determinado ou indeterminado –, e qualquer que seja a espécie – residencial, para temporada ou não residencial.

[78] Cabe citar uma decisão do extinto Tribunal de Alçada deste Estado, a qual, embora antiga, aplica-se muito bem ao caso em exame: AÇÃO DE DESPEJO. LOCAÇÃO RESIDENCIAL. RETOMADA PARA REPAROS URGENTES. CARÊNCIA DE AÇÃO. A determinação da autoridade pública de realização de reparos urgentes, por ser documento indispensável à propositura da ação, deve acompanhar a inicial, e não ser emitida depois do ajuizamento da ação e ser juntada somente com a réplica. A falta da juntada da ordem da autoridade pública à petição inicial demonstra que a causa petendi não está demonstrada como exige a lei... Recurso desprovido. (Apelação Cível nº 187073598, Terceira Câmara Cível, Tribunal de Alçada do RS, Relator: Celeste Vicente Rovani, Julgado em 09/12/1987).

da o julgador jamais concederá a liminar. Acrescente-se, ainda, a obrigatoriedade do locador efetuar o depósito da caução de 3 meses de aluguel, conforme determinação da própria lei.

A novel legislação andou muito bem nesse aspecto, ao não permitir que a locação prossiga sem que tenha um outro garantidor, pois o fiador desonerou-se da obrigação.

No que diz respeito *ao inciso VIII*, a alteração foi muito importante na medida em que igualmente agilizou as ações de despejo por denúncia vazia, de locações não residenciais, previstas nos arts. 56 e 57, que não têm direito à renovatória.

A denúncia para essa espécie de locação sempre foi vazia ou imotivada, desde a Lei n. 6.649/79 e mantida pela Lei n. 8.245/91, no art. 57, pois nunca houve necessidade de se proteger uma locação na qual inexiste desequilíbrio econômico entre as partes contratantes, ao contrário do que ocorre nas residenciais.

Entretanto, mesmo imotivado o pedido despejatório, o processo permitia protelações por parte do locatário,[79] o que poderia levar muitos anos até que o locador conseguisse retomar definitivamente o imóvel locado. A tutela antecipada, prevista no art. 273 do Código de Processo Civil, às

---

[79] O argumento que muito serviu para procrastinar a ação de despejo, era a alegação do locatário de ter realizado, no imóvel locado, benfeitorias, ainda que existisse no contrato cláusula de renúncia ao direito de indenização. Havia casos que o julgador determinava até audiência para ouvir as testemunhas arroladas pelo locatário, o que era um absurdo, porque benfeitorias não podem ser comprovadas por prova testemunhal. Contudo, o processo durava muitos anos, até ser efetivamente desocupado e entregue ao locador. A terceira Seção do Superior Tribunal de Justiça pôs fim à possibilidade de o locatário fazer uso desse argumento, ao sumular o seguinte entendimento: *Nos contratos de locação, é válida a cláusula de renúncia à indenização das benfeitorias e ao direito de retenção.* (Súmula n. 335, julgada em 25/4/2007 e publicada DJ 07/05/2007 p. 456, RSTJ , vol. 206, p. 525).

vezes, era indeferida; em outras, admitida simplesmente[80] ou quando comprovado o intuito procrastinatório do direito de defesa do locatário,[81] ou ainda, desde que o locador prestasse a caução prevista no art. 59, § 1º, de três meses de aluguel, o que era um contrassenso frente à redação da lei processual civil.[82]

---

[80] Observe-se a decisão, em que mesmo o locatário estando inadimplente por longos anos, e sem argumentos para obstaculizar a denúncia vazia, o julgador não concedeu a tutela no despejo por denúncia vazia: AGRAVO DE INSTRUMENTO. LOCAÇÃO COMERCIAL. AÇÃO DE DESPEJO POR DENÚNCIA VAZIA. TUTELA ANTECIPADA. Locação comercial por prazo indeterminado que viabiliza o despejo por denúncia vazia (art. 57 da Lei 8.245/91). Cumprida pelo agravante a exigência de notificação prévia do locatário, com a concessão do prazo de 30 dias para a desocupação do imóvel. Recorrido que não se retirou do bem no prazo referido e está em mora no pagamento dos locativos. Caracterização dos requisitos do art. 273 do CPC. Existência de prova inequívoca da verossimilhança das alegações do agravante e fundado receio de dano irreparável ou de difícil reparação àquele. A longa inadimplência alegada pelo autor não é óbice à concessão da tutela antecipatória, até porque a ação é de despejo por denúncia vazia, e não por falta de pagamento. Não havendo mais interesse em que o locatário permaneça no bem imóvel, não há porque se considerar a possibilidade de purga da mora. Agravo provido em decisão monocrática. (Agravo de Instrumento nº 70029100716, Décima Sexta Câmara Cível, Tribunal de Justiça do RS, Relator: Marco Aurélio dos Santos Caminha, Julgado em 19/03/2009)

[81] Nesse sentido a decisão: LOCAÇÃO. AÇÃO DE DESPEJO. DENÚNCIA VAZIA. ABUSO DO DIREITO DE DEFESA, COM PROPÓSITO MANIFESTAMENTE PROTELATÓRIO. PRESENÇA DOS REQUISITOS AUTORIZADORES PARA O DEFERIMENTO DA TUTELA ANTECIPADA. POSSIBILIDADE. Atento aos elementos existentes no instrumento, é possível verificar-se que a defesa da ré caracteriza-se em evidente abuso do direito, com propósito meramente protelatório, circunstância esta que autoriza a concessão da tutela antecipada postulada, determinando-se, assim, a desocupação do imóvel. Agravo provido. (Agravo de Instrumento nº 70003466562, Décima Quinta Câmara Cível, Tribunal de Justiça do RS, Relator: Ricardo Raupp Ruschel, Julgado em 20/02/2002).

[82] Observe-se a decisão: DESPEJO POR DENÚNCIA VAZIA. TUTELA ANTECIPADA. É possível o deferimento da tutela antecipada nos autos da ação de despejo por denúncia vazia, ainda que não contemplado nas

Com a nova redação, a Lei permite que o locador ajuíze a ação de despejo por denúncia vazia, com a possibilidade de concessão de liminar para desocupação em 15 dias, sem a ouvida do locatário, mas condicionada ao depósito da caução, nos termos do art. 59, § 1º, inc. VII.

Ressalte-se que para o locador fazer jus a esse direito necessitará cumprir os seguintes requisitos legais:

a) ajuizar a ação de despejo por denúncia vazia, no prazo de 30 dias, a contar do término do prazo determinado do contrato; ou

b) ajuizar essa ação, no prazo de 30 dias, a contar do término do prazo da notificação remetida ao locatário, em que lhe foi concedido o prazo de 30 dias para a desocupação, quando se tratar de contrato já vigorando por prazo indeterminado, nos termos do art. 57 da Lei do Inquilinato.

Nesse sentido, a decisão do Tribunal de Justiça do Estado do Rio Grande do Sul, conforme ementa abaixo:

> AGRAVO DE INSTRUMENTO. LOCAÇÃO. AÇÃO DE DESPEJO. LOCAÇÃO POR PRAZO INDETERMINADO. LIMINAR. NOTIFICAÇÃO DO LOCATÁRIO. REQUISITOS NECESSÁRIOS. Na ação de despejo de imóvel não residencial, a liminar para desocupação, em 15 (quinze) dias, poderá ser concedida *inaudita altera pars*, desde que: a) ação tenha sido promovida em até 30 (trinta) dias do termo do contrato de locação, sendo este por prazo determinado, b) em até 30 (trinta) dias do cumprimento da notificação comunicando o locatário do intento de retomada do imóvel, quando se tratar de prazo indeterminado, e c) seja prestada caução no valor equivalente a três meses de aluguel. Inteligência do art. 59, § 1º, VIII, da Lei nº 8.245/91. Caso em que restou demonstrada a notificação do locatário para desocupação do bem objeto

---

hipóteses do § 1º do artigo 59 da Lei do Inquilinato. Entretanto, deve ser prestada caução no valor de 3 meses de aluguel. RECURSO PARCIALMENTE PROVIDO. (Agravo de Instrumento nº 70013382700, Décima Sexta Câmara Cível, Tribunal de Justiça do RS, Relator: Claudir Fidelis Faccenda, Julgado em 14/12/2005).

da locação, e o oferecimento de caução. Decisão mantida. RECURSO PROVIDO.[83]

Se o locador não ajuizar o despejo no prazo acima referido, somente poderá utilizar-se do despejo por denúncia vazia, previsto nos arts. 56 e 57, onde é impossível a concessão da liminar prevista no art. 59, § 1º; quiçá será possível a obtenção da tutela antecipada, prevista no art. 273 do Código de Processo Civil, como mencionado. Basta ver a ementa abaixo transcrita:

> AGRAVO DE INSTRUMENTO. LOCAÇÃO. DESPEJO. DENÚNCIA VAZIA. ANTECIPAÇÃO DE TUTELA. O rol do art. 59, § 1º, da Lei nº 8.245/91 não é taxativo, sendo possível antecipar a tutela nas ações de despejo, desde que presentes os requisitos do art. 273 do Código de Processo Civil. Caso em que restaram demonstradas a verossimilhança e urgência que autorizam o deferimento do despejo liminar. Precedentes jurisprudenciais. NEGADO SEGUIMENTO AO AGRAVO DE INSTRUMENTO.[84]

O locador deverá ficar atento ao direito que a lei lhe concede, na medida em que, para fazer uso desse despejo com liminar, deverá observar o prazo para ajuizar a ação de despejo. O que funcionará da seguinte maneira: quando findar o prazo determinado do contrato de locação, não residencial, o locador *terá 30 dias* para mover direto uma ação de despejo, sem precisar notificar o locatário, pois, neste caso, não deixará prorrogar a locação por prazo indeterminado, nos termos do art. 56; porém, se o contrato for prorrogado a prazo indeterminado (parágrafo único do art. 56), o locador deverá, primeiro, denunciar a locação, ou seja, comunicar o locatário de que não tem mais inte-

---

[83] Agravo de Instrumento n. 70054860630, Décima Sexta Câmara Cível, Tribunal de Justiça do RS, Relator: Catarina Rita Krieger Martins, Julgado em 13/06/2013.

[84] Agravo de Instrumento n. 70054392881, Décima Quinta Câmara Cível, Tribunal de Justiça do RS, Relator: Ana Beatriz Iser, Julgado em 13/05/2013. Ver também a decisão proferida no Agravo de Instrumento nº 70053908919.

resse em manter a locação, através de uma notificação para que desocupe o imóvel em 30 dias, nos termos do art. 57. Em segundo, passado esse prazo e o locatário não desocupar o imóvel, o locador deverá propor a ação de despejo em até 30 dias, contados do cumprimento da notificação. Em ambas as situações despejatórias caberá a concessão da liminar, nos termos do art. 59, § 1º, do inc. VIII. Se o locador não observar essas hipóteses, como visto, lhe restará a ação de despejo com fulcro nos art. 56 e 57, sem direito a liminar do art. 59, § 1º.

O locatário não residencial só estará protegido enquanto seu contrato estiver vigorando por prazo determinado e se cumprir fielmente suas obrigações. Caso contrário, poderá sofrer ação de despejo, com ou sem pedido liminar, a qualquer tempo. A única proteção conferida a uma locação não residencial é o contrato estar vigorando a prazo determinado.

O *inciso IX* traz a principal modificação à Lei do Inquilinato, ao permitir a concessão de liminar, no despejo por falta de pagamento de aluguel e acessórios da locação, tão somente nos contratos que estiverem desprovidos de garantia, ou porque a locação inicialmente não possuía garantia, ou porque o fiador exonerou-se, nos casos permitidos por lei,[85] ou, ainda, porque se extinguiu o prazo da fiança.

Antes da alteração, esse despejo somente poderia ser proposto nos termos do art. 62 da Lei Inquilinária, sem possibilidade de concessão de liminar, nos termos do art. 59.

Entretanto, o Tribunal de Justiça deste Estado já vinha admitindo, ainda que timidamente, a tutela antecipada de despejo desde que presentes os requisitos do art. 273 do Código de Processo Civil, porém, não liminarmente e sem a ouvida da parte contrária, somente após a contestação,

---

[85] Ver arts. 12, § 2º, e 40, inc. X.

quando constatado o abuso do direito de defesa e evidenciada a falta da purga da mora.[86]

Além disso, a redação do art. 62 permitia que o locatário protelasse ainda mais a ação, já que poderia efetuar a oferta dos alugueres impagos de forma incompleta, sendo-lhe facultado complementá-la,[87] o que causava mais demora na retomada. Na verdade uma ação dessa natureza levava, com certeza, muitos anos, até sua conclusão.

O art. 64 da Lei do Inquilinato ainda exigia que o julgador fixasse na sentença uma caução de 12 a 18 meses de

---

[86] Cabe citar as ementas: AGRAVO INTERNO. LOCAÇÃO. DESPEJO. DETERMINAÇÃO DE DESOCUPAÇÃO DO IMÓVEL NO PRAZO DE 15 DIAS, SOB PENA DE DESPEJO COMPULSÓRIO. Possível a aplicação do art. 557, *caput*, do CPC quando a decisão agravada está em consonância com o entendimento da Câmara, como no caso. Julgamento, por este Relator, de anterior agravo de instrumento interposto pela autora contra decisão que, a pedido do réu, determinou a dilação probatória, em razão da exceção de usucapião por este argüida. Agravante condenado, em ação de cobrança de aluguéis ajuizada pela agravada perante Juizado Especial Cível, ao pagamento de aluguéis à autora. Demanda despejatória que se ampara na falta de pagamento de aluguéis, tendo o réu, na contestação, novamente invocado exceção de usucapião, não purgando a mora. Existência de prova inequívoca da verossimilhança das alegações da agravada e de fundado receio de dano irreparável ou de difícil reparação. Sendo a demandante pessoa idosa, aposentada, viúva, sem receber os aluguéis, tal situação acarreta-lhe severos prejuízos. Presentes os requisitos do art. 273, do CPC, cabível a concessão da tutela antecipada, impondo-se a manutenção da decisão agravada. AGRAVO INTERNO DESPROVIDO. (Agravo nº 70032330581, Décima Sexta Câmara Cível, Tribunal de Justiça do RS, Relator: Marco Aurélio dos Santos Caminha, Julgado em 22/10/2009) e AGRAVO DE INSTRUMENTO. LOCAÇÃO. AÇÃO DE DESPEJO POR FALTA DE PAGAMENTO CUMULADA COM COBRANÇA. CASO CONCRETO. MATÉRIA DE FATO. Preenchimento dos pressupostos para concessão da liminar despejatória em sede de tutela antecipada. Agravo de instrumento provido. (Agravo de Instrumento nº 70029341856, Décima Quinta Câmara Cível, Tribunal de Justiça do RS, Relator: Vicente Barrôco de Vasconcellos, Julgado em 14/05/2009), além de outras.

[87] Ver inciso III do art. 62 que permite a discussão acerca da oferta não integral e a possibilidade de o locatário complementar o depósito.

aluguel, vigente à data do depósito, caso o locador tivesse interesse em executá-la provisoriamente, o que era um verdadeiro absurdo!

Ora, o valor exorbitante da caução muitas vezes obrigava o locador a aguardar o julgamento final, sem que pudesse fazer uso da provisoriedade do *decisum*.

Na verdade, essa redação era tão despropositada que a jurisprudência passou a admitir que a caução fosse substituída pelo próprio crédito que o locador tinha a receber.[88]

Consequentemente, era imperioso e urgente rever o despejo por falta de pagamento, o qual dizia respeito ao descumprimento da principal obrigação legal e contratual do locatário.

A nova Lei, então, veio ao encontro dessa necessidade, ao permitir que o locador obtenha uma liminar para que o locatário desocupe o imóvel no prazo de 15 dias, *inaudita altera pars*, agilizando a retomada do imóvel.

Ora, a prova da existência do contrato de locação e do inadimplemento da obrigação, por si só, já fazem presentes

---

[88] Vejam-se as decisões: Ação de despejo por falta de pagamento cumulada com cobrança. Contrato de locação. Caso concreto. Matéria de fato. Execução provisória de sentença. Caução. Possibilidade de substituição da caução em dinheiro pelos créditos relativos às obrigações locatícias inadimplidas. Apelo provido. Apelação Cível nº 70032813149; mais: Agravo de instrumento. Decisão monocrática. Locação. Execução provisória de sentença. Caução. Substituição da caução em dinheiro pelo crédito do locador face aos aluguéis não pagos. Possibilidade. Precedentes. Recurso provido (AI n. 70011647302); ver também: AI n. 70014318588, AI n. 70011188943, Apel. Cível n. 0032813149, dentre outras. O Superior Tribunal de Justiça também já tinha decisão permitindo a substituição da garantia pelo crédito que o locador tinha a receber. No REsp. n. 42.193-4, o Relator Min. Adhemar Maciel, assim manifestou-se: ... A substituição da caução de 12 meses de aluguel, fixada na sentença, poderia ser perfeitamente feita, desde que equivalente, pelo débito da locatária/recorrente. Isso não briga com o § 4º do art. 63 da Lei do Inquilinato e nem hostiliza a certeza da sentença... .

os requisitos da medida liminar: o *fumus boni iuris* e o *periculum in mora*. Assim sendo, bem andou a novel legislação.[89]

Entretanto, não se pode olvidar que a concessão da liminar fica condicionada ao depósito de uma caução de três meses de aluguel, nos termos do art. 59, § 1º, não devendo o Julgador dispensá-la.

Como já observado, referida caução não precisa necessariamente ser em dinheiro, pode ser real ou fidejussória, inclusive o próprio imóvel locado pode ser oferecido em garantia pelo locador.[90]

A dúvida está na possibilidade ou não de o locador substituir essa caução, exigida como condição à concessão da liminar, pelo crédito decorrente dos alugueres devidos.

Defendeu-se na primeira edição deste livro que esse despejo não poderia receber o mesmo tratamento dado ao

---

[89] A nova redação do art. 59, com a inclusão do inciso IX, não foi feliz ao utilizar a expressão falta de pagamento de aluguel e acessórios da locação – e não e/ou acessórios –, pois ensejará dúvida acerca da aplicabilidade desse despejo quando o locatário estiver em débito somente com os encargos da locação. Defende-se que o despejo por falta de pagamento, previsto nesse inciso, que trata de contrato desprovido de garantia, deve ser admitido também se o débito envolver tão somente acessórios ou encargos da locação, porque o pagamento deles está incluído entre as principais obrigações do locatário, nos termos do art. 23, I, cuja mora autoriza a rescisão contratual. Além disso, a redação anterior do art. 62, que ensejava essa discussão, como será estudado, foi modificada pela nova lei, deixando claro que o despejo pode se dar apenas pelo débito com os acessórios da locação. Diante disso, ao mesmo tempo em que a nova lei põe fim a controvérsia gerada pelo art. 62, poderá reacender a discussão no que diz respeito ao despejo do art. 59, mas não deverá encontrar respaldo.

[90] Ver: CAPANEMA DE SOUZA, Sylvio. A Lei do Inquilinato Comentada. 5 ed. RJ: GZ, 2009. P.255. Também nesse sentido a ementa: AGRAVO DE INSTRUMENTO. AÇÃO DE DESPEJO. EXECUÇÃO PROVISÓRIA. A teor do artigo 64, § 1º, da Lei nº 8.245/91, mostra-se admissível o oferecimento de imóvel em caução para que se proceda à execução provisória. AGRAVO PROVIDO. (Agravo de Instrumento nº 70029142882, Décima Sexta Câmara Cível, Tribunal de Justiça do RS, Relator: Ana Maria Nedel Scalzilli, Julgado em 30/03/2009).

despejo por falta de pagamento (art. 62) que já está em fase de execução provisória, prevista no art. 64, para o qual os tribunais admitem pacificamente a substituição da caução pelo crédito dos locativos devidos.[91] A ação de despejo por falta de pagamento com liminar, prevista no art. 59, § 1º, inc. IX, está na fase de conhecimento e sequer ocorre o contraditório antes da liminar, pois ela deve ser concedida *sem a ouvida da parte contrária*.

Daí a preocupação em aceitar-se a substituição da caução pelo crédito dos alugueres.

Nesse sentido julgou a 15ª Câmara Cível, no Agravo de Instrumento n. 70038574745, tendo como Relator o Desembargador Otávio Augusto de Freitas Barcellos, cuja ementa segue transcrita:

> AGRAVO DE INSTRUMENTO. DECISÃO MONOCRÁTICA. LOCAÇÃO. MEDIDA LIMINAR DE DESPEJO. CAUÇÃO. OFERTA DE CRÉDITOS DECORRENTES DO PRÓPRIO CONTRATO DE LOCAÇÃO. DESCABIMENTO, NO CASO CONCRETO. HIPÓTESE EM QUE O FEITO AINDA NÃO ESTÁ NA FASE EXECUTIVA. NEGADO SEGUIMENTO AO RECURSO.[92]

Contudo, repensando a matéria e dissipando a névoa da dúvida, reconsidera-se aquela posição e entende-se que o Juiz para conceder a liminar pode aceitar a substituição da caução pelo crédito, desde que observados dois requisitos:

1º) a existência de um contrato de locação escrito, porque o *crédito de aluguel dele decorrente é considerado título executivo extrajudicial*, nos termos do art. 585, inciso IV, do CPC, e

---

[91] Ver comentário na página 59 da primeira edição deste livro.
[92] Agravo de Instrumento nº 70038574745, Décima Quinta Câmara Cível, Tribunal de Justiça do RS, Relator Des. Otávio Augusto de Freitas Barcellos, Julgado em 15/10/2010.

2º) o crédito dos alugueres impagos deve garantir o juízo, ou seja, deve corresponder ao valor da caução determinada no § 1º do art. 59, de três meses de alugueres.

Nessa linha, se os tribunais já firmaram posição acerca da possibilidade de substituição da caução pelo crédito de alugueres impagos, na fase de execução judicial, ainda que provisória, por que não poderão aceitá-la no despejo por falta de pagamento, desprovido de garantia, cujo crédito subsumido no próprio contrato escrito, recebeu da lei eficácia de título executivo extrajudicial?

Caso o crédito oferecido não corresponda verdadeiramente às obrigações locatícias, o locatário poderá impedir a liminar concedida, produzindo prova em contrário, no prazo concedido pelo § 3º do mesmo dispositivo legal.

O próprio Relator da ementa acima citada, que ao julgar o Agravo de Instrumento n. 70038574745, havia indeferido a substituição da caução, em decisão monocrática proferida no agravo interno, em *juízo de retratação*, deu provimento ao agravo de instrumento, no sentido de aceitar que a caução necessária à concessão da medida liminar fosse prestada através dos créditos dos aluguéis impagos, conforme a ementa colacionada:

AGRAVO. NEGATIVA DE SEGUIMENTO A AGRAVO DE INSTRUMENTO MEDIANTE DECISÃO MONOCRÁTICA. LOCAÇÃO. MEDIDA LIMINAR DE DESPEJO. CAUÇÃO. OFERTA DE CRÉDITOS DECORRENTES DO PRÓPRIO CONTRATO DE LOCAÇÃO. POSSIBILIDADE, NO CASO CONCRETO. AGRAVO PROVIDO PARA, EM JUÍZO DE RETRATAÇÃO, dar provimento ao AGRAVO DE INSTRUMENTO nº 70038574745.[93]

Dessa forma, dependendo do caso concreto, poderá ser possível a substituição da caução pelo crédito com os alugueres impagos, tal como ocorre na execução provisória do despejo.

---

[93] Agravo nº 70039681622, Décima Quinta Câmara Cível, Tribunal de Justiça do RS, Relator: Otávio Augusto de Freitas Barcellos. Julgado em 03/12/2010.

Nesse sentido, já se encontram decisões do Tribunal de Justiça do RS, proferidas pela 16ª Câmara Cível:

AGRAVO DE INSTRUMENTO. LOCAÇÃO. DESPEJO. ANTECIPAÇÃO DE TUTELA. Caso em que os elementos trazidos aos autos autorizam a concessão de despejo liminar (art. 59, IX, Lei n. 8.245/1991) requerido pela parte autora. Na ação de despejo, afigura-se viável a prestação de caução mediante o oferecimento dos créditos decorrentes do próprio contrato de locação. RECURSO PROVIDO.[94]

LOCAÇÃO. DESPEJO. ANTECIPAÇÃO DE TUTELA. Caso em que os elementos trazidos aos autos autorizam a concessão de despejo liminar (art. 59, IX, Lei n. 8.245/1991) requerido pela parte autora. Na ação de despejo, afigura-se viável a prestação de caução mediante o oferecimento dos créditos decorrentes do próprio contrato de locação. AGRAVO PROVIDO DE PLANO.[95]

Por outro lado, embora a lei tenha possibilitado o despejo com liminar ao locador, também concedeu ao locatário o direito de impedir a rescisão, elidindo a liminar de desocupação, desde que, dentro desse prazo de 15 dias, efetue o depósito judicial contendo a integralidade dos valores devidos, com o acréscimo de todos os encargos da mora, além de custas e honorários advocatícios, descritos no inc. II do art. 62, e independentemente de cálculo do contador,[96] conforme a redação do § 3º do art. 59.

---

[94] Agravo de Instrumento nº 70049244833, Décima Sexta Câmara Cível, Tribunal de Justiça do RS, Relator Des. Paulo Sérgio Scarparo, Julgado em 08/06/2012.

[95] Agravo de Instrumento nº 70044426500, Décima Sexta Câmara Cível, Tribunal de Justiça do RS, Relator Des. Paulo Sérgio Scarparo. Julgado em 12/08/2011.

[96] Observe-se que, mesmo em se tratando de despejo por falta de pagamento, com liminar, a purgação da mora é um direito do locatário que não lhe pode ser retirado. Inclusive, mesmo nos casos em que era permitida a antecipação de tutela, o Tribunal de Justiça deste Estado já advertia que, para a sua concessão, necessário possibilitar ao locatário o direito de purgar a mora. Basta analisar a seguinte ementa: AGRAVO DE INSTRUMENTO. LOCAÇÃO. AÇÃO DE DESPEJO POR FALTA DE PAGAMENTO. PEDIDO DE ANTECIPAÇÃO DE TUTELA. NÃO CONCESSÃO. IMPOSSIBILIDADE. CASO CONCRETO. Embora se re-

Embora seja facultado ao locatário a purga da mora, não se poderá admitir que ele se aproveite desta situação para retardar o despejo, litigando de má-fé e abusando do seu direito, pois, se oferecer um valor inferior à totalidade do débito, a lei não lhe faculta a complementação, e o despejo concedido liminarmente deverá ser efetivado, ainda que tenha havido parcial pagamento do débito.

Deve ser possibilitado ao locador o levantamento desse valor, ainda que incompleto, e a ação despejatória prosseguirá pela diferença, principalmente, se tiver sido cumulada com a cobrança, já que se trata do inciso IX, cuja locação está desprovida de garantia, mas sem que o locatário possa permanecer no imóvel locado.[97]

Note-se que essa agilização do processo despejatório também é interessante ao locatário, pois, com a desocupação do imóvel locado e a efetiva posse do locador,[98] haverá

---

conheça possível a concessão de antecipação de tutela em sede de ação de despejo, tendo em vista que a Lei de Locações confere ao locatário inadimplente, quando do ajuizamento da ação de despejo por falta de pagamento, o direito à purga da mora, inviável o pedido de antecipação de tutela formulado pelo agravante no sentido de que ocorra a imediata desocupação do imóvel no presente caso concreto. Razoável, portanto, que se estabeleça o contraditório, possibilitando-se ao locatário a manifestação acerca dos fundamentos da demanda. Negado provimento ao recurso. (Agravo de Instrumento nº 70021695168, Décima Quinta Câmara Cível, Tribunal de Justiça do RS, Relator: Angelo Maraninchi Giannakos, Julgado em 09/10/2007)

[97] Seguindo a mesma linha do que a Lei já previa para o despejo por falta de pagamento, sem a concessão de liminar, onde é facultado ao locador levantar a quantia incontroversa e prosseguir a ação pela diferença, nos termos do art. 62, inc. IV, parte final e inciso VI.

[98] É cediço que não é a simples desocupação do locatário que faz cessar os locativos e encargos, mas a efetiva entrega do imóvel ao locador. Basta ver a decisão: APELAÇÃO CÍVEL. LOCAÇÃO. AÇÃO DE DESPEJO POR FALTA DE PAGAMENTO C/C COBRANÇA. Desocupação do imóvel no curso da lide. Ônus da prova. Caso concreto. A mera desocupação do imóvel locado não importa na rescisão do contrato de locação. A extinção do contrato de locação somente se verifica com a efetiva entrega das chaves e a posse do locador sobre o imóvel, sendo, portanto,

a rescisão da locação e, consequentemente, os alugueres e encargos serão devidos até esta data.

O locatário, portanto, deverá ter o cuidado de efetuar o depósito integral dos valores devidos, sob pena de não conseguir elidir a liminar e impedir o despejo.

Ademais, é preciso aplicar aqui a previsão do art. 62, parágrafo único, que veda ao locatário o direito a purgar a mora se já tiver se beneficiado dessa faculdade nos 24 (vinte e quatro) meses imediatamente anteriores à propositura da ação, coibindo, dessa forma, o abuso do direito por parte dele.

Resta evidente que se essa vedação foi utilizada no despejo por falta de pagamento, com contrato que tenha garantia locatícia, que é a previsão do art. 62, como será analisado, com muito mais razão deverá ser aplicada ao contrato desprovido de qualquer garantia.

---

devidos os locativos e encargos até referida data. Negaram provimento ao recurso. Unânime. (Apelação Cível nº 70029306339, Décima Quinta Câmara Cível, Tribunal de Justiça do RS, Relator: Otávio Augusto de Freitas Barcellos, Julgado em 17/06/2009).

Artigo 62

Nas ações de despejo fundadas na falta de pagamento de aluguel e acessórios da locação, de aluguel provisório, de diferenças de aluguéis, ou somente de quaisquer dos acessórios da locação, observar-se-á o seguinte:

I – o pedido de rescisão da locação poderá ser cumulado com o pedido de cobrança dos aluguéis e acessórios da locação; nesta hipótese, citar-se-á o locatário para responder ao pedido de rescisão e o locatário e os fiadores para responderem ao pedido de cobrança, devendo ser apresentado, com a inicial, cálculo discriminado do valor do débito;

II – o locatário e o fiador poderão evitar a rescisão da locação efetuando, no prazo de 15 (quinze) dias, contado da citação, o pagamento do débito atualizado, independentemente de cálculo e mediante depósito judicial, incluídos:

[...]

III – efetuada a purga da mora, se o locador alegar que a oferta não é integral, justificando a diferença, o locatário poderá complementar o depósito no prazo de 10 (dez) dias, contado da intimação, que poderá ser dirigida ao locatário ou diretamente ao patrono deste, por carta ou publicação no órgão oficial, a requerimento do locador;

IV – não sendo integralmente complementado o depósito, o pedido de rescisão prosseguirá pela diferença, podendo o locador levantar a quantia depositada;

[...]

Parágrafo único. Não se admitirá a emenda da mora se o locatário já houver utilizado essa faculdade nos 24 (vinte e quatro) meses imediatamente anteriores à propositura da ação

Como era: Art. 62. Nas ações de despejo fundadas na falta de pagamento de aluguel e acessórios da locação, observar-se-á o seguinte:
I – o pedido de rescisão da locação poderá ser cumulado com o de cobrança dos aluguéis e acessórios da locação, devendo ser apresentado, com a inicial, cálculo discriminado do valor do débito;
II – o locatário poderá evitar a rescisão da locação requerendo, no prazo da contestação, autorização para o pagamento do débito atualizado, independentemente de cálculo e mediante depósito judicial, incluídos:
a) os aluguéis e acessórios da locação que vencerem até a sua efetivação;
b) as multas ou penalidades contratuais, quando exigíveis;
c) os juros de mora;
d) as custas e os honorários do advogado do locador, fixados em dez por cento sobre o montante devido, se do contrato não constar disposição diversa;
III – autorizada a emenda da mora e efetuado o depósito judicial até quinze dias após a intimação do deferimento, se o locador alegar que a oferta não é integral, justificando a diferença, o locatário poderá complementar o depósito no prazo de dez dias, contados da ciência dessa manifestação;
IV – não sendo complementado o depósito, o pedido de rescisão prosseguirá pela diferença, podendo o locador levantar a quantia depositada;
V – os aluguéis que forem vencendo até a sentença deverão ser depositados à disposição do juízo, nos respectivos vencimentos, podendo o locador levantá-los desde que incontroversos;
VI – havendo cumulação dos pedidos de rescisão da locação e cobrança dos aluguéis, a execução desta pode ter início antes da desocupação do imóvel, caso ambos tenham sido acolhidos.
Parágrafo único. Não se admitirá a emenda da mora se o locatário já houver utilizado essa faculdade por duas vezes nos doze meses imediatamente anteriores à propositura da ação.

Nos termos do art. 23, inc. I, da Lei 8.245/91, é obrigação do locatário o pagamento pontual dos aluguéis e demais encargos locatícios, cujo descumprimento constitui uma das mais graves infrações cometidas pelo locatário, motivo suficiente para rescindir o contrato e autorizar o pedido de retomada do imóvel (art. 9, inc. III).

O art. 62 trata da ação de despejo por falta de pagamento que não permite a concessão da liminar prevista no art. 59, § 1º, inc. IX, pois atinge contratos de locação que possuem garantia locatícia.

Inicialmente, é preciso aplaudir as redações do *caput* do dispositivo legal, e também do § 1º, que permitem o ajuizamento de uma ação de despejo por falta de pagamento para a cobrança tão somente de encargos ou acessórios da locação, ao utilizar a expressão, na parte final do artigo, [...] *ou somente de quaisquer acessórios da locação [...]*, o que até então era discutível,[99] pondo, fim, definitivamente, a qualquer dúvida que ainda pudesse existir.

Além disso, igualmente importante a previsão do artigo quanto à possibilidade de se utilizar essa ação de despejo para a cobrança de alugueres provisórios, isto é, aqueles concedidos na ação revisional de aluguel[100] ou na ação renovatória,[101] ou, ainda, para cobrar as diferenças de aluguéis que não foram pagas pelo locatário.

Consoante art. 69, § 2º, as diferenças de aluguéis vencidos, descontados os aluguéis provisórios satisfeitos, se-

---

[99] Como as redações anteriores do art. 62 , e do inc. I, utilizavam a expressão *"aluguéis e acessórios"*, dava a entender que a ação de despejo por falta de pagamento tinha que necessariamente abranger ambos, deixando em dúvida a possibilidade ou não de ajuizá-la caso o locatário estivesse em débito só com os encargos ou acessórios da locação. Inclusive admitia-se a propositura de despejo por infração contratual, sem que fosse oportunizada a purga da mora. Analise-se a ementa: APELAÇÃO CÍVEL. AÇÃO DE DESPEJO. LOCAÇÃO. INADIMPLÊNCIA DOS ENCARGOS LOCATÍCIOS POSSIBILITA O DESPEJO POR INFRAÇÃO CONTRATUAL. APLICAÇÃO DOS ARTS. 9º, II, E 23, I, DA LEI 8.245/91..(Apelação Cível nº 70032196560, Décima Sexta Câmara Cível, Tribunal de Justiça do RS, Relator: Ergio Roque Menine, Julgado em 17/12/2009).
[100] Ver: art. 68, inc. II, letra a, bem como art. 69 da Lei, os quais determinam que o aluguel provisório retroage à citação, ensejando o despejo em caso do seu não pagamento. Também poderá existir aluguel provisório na ação renovatória, de acordo com o art. 72, § 4º.
[101] De acordo com o § 4º do art. 72.

rão executadas nos próprios autos da revisional. O mesmo ocorre com a ação renovatória, onde também poderão existir diferenças de aluguéis a pagar, que serão executadas nos próprios autos da ação, e pagas de uma só vez, conforme a redação do art. 73.

Assim, numa primeira interpretação, o despejo por falta de pagamento só deveria ser utilizado pelo locador para cobrança daquelas diferenças que surgissem depois de transitada em julgado a sentença.

Todavia, com a alteração trazida pela nova lei, o locador poderá optar entre executar os valores nos próprios autos da revisional ou da renovatória, ou mover a ação de despejo por falta de pagamento, o que já preconizava Sylvio Capanema de Souza,[102] ao aduzir:

> [...], podemos afirmar que, apesar da redação enfática do art. 73, não está o locador inibido de propor a ação de despejo por falta de pagamento, caso o locatário, ao final da renovatória, não lhe pague as diferenças de aluguel apuradas no curso da ação [...].

Entretanto, cabe salientar que só será possível utilizar-se da ação de despejo por falta de pagamento se não existir controvérsia a respeito da fixação do valor do aluguel provisório. Então, no que diz respeito à cobrança das diferenças com alugueres decorrentes da ação renovatória ou revisional, cabe ao locador optar entre ajuizar a ação despejatória ou promover a cobrança dos valores nos autos respectivos de cada ação. Caso contrário, inócua a nova redação que permite o despejo.

Por outro lado, no que tange à ação de despejo por falta de pagamento dos alugueres e acessórios da locação, existe a possibilidade de o locador mover a ação de despejo *cumulada* com a cobrança nos próprios autos, prevista no *inciso I*,

---

[102] Obra citada, p. 371. Este posicionamento tinha adeptos no Superior Tribunal de Justiça, conforme REsp 121981/SP, RECURSO ESPECIAL 1997/0015246-4, e também no Tribunal de Justiça do RS, através dos julgados: Apelação Cível nº 197288814 e Apelação Cível nº 195191804.

cuja sentença do despejo formará o título executivo para a execução por quantia certa, que seguirá as regras do cumprimento da sentença previsto no art. 475, I e ss, do Código de Processo Civil; ou ajuizar as ações independentemente, uma de despejo e a outra de execução por título extrajudicial.[103] A opção é do locador, como melhor lhe aprouver.

Outra grande modificação feita no *inciso I* do art. 62 está justamente nessa ação de despejo *cumulada* com a cobrança, cuja nova redação vem a esclarecer a omissão da anterior, com relação ao fiador, pois existia dúvida se ele deveria integrar ou não a ação de despejo, o que, posteriormente, foi suprida pelas decisões do Superior Tribunal de Justiça que acabaram sumulando a matéria.[104]

Assim sendo, a novel redação veio ao encontro do entendimento do Superior Tribunal de Justiça, consequentemente, se o locador optar em ajuizar a ação de despejo por falta de pagamento cumulada com a cobrança dos locativos e acessórios, deverá incluir o fiador no polo passivo da ação de despejo. Caso contrário, ele não responderá pela execução do julgado.

---

[103] Essa cumulação de pedidos não exclui a possibilidade de o locador mover somente a ação de despejo por falta de pagamento contra o locatário e, depois de desocupado o imóvel, ajuizar uma ação de execução por título extrajudicial (art. 585, V, do CPC), contra os fiadores. Neste caso, o fiador não precisa integrar o polo passivo da ação de despejo, sequer necessita ser intimado, pois terá a obrigação de arcar com o pagamento, quando lhe for movida a ação de execução por título extrajudicial. A propósito, é oportuno trazer à colação precedente do Superior Tribunal de Justiça que entendeu desnecessária a participação do fiador, quando as ações não forem cumuladas: RESP – CIVIL – DESPEJO – FIANÇA – O fiador, obrigado a efetuar o pagamento do aluguel, caso não o faça o inquilino, deve honrar a obrigação, independente de ser intimado para a ação de despejo. (REsp 93.123/MG – DJ: 26/05/1997 – Relator Min. Luiz Vicente Cernicchiaro).

[104] Para a cumulação dos pedidos, necessário observar o teor da Súmula 268: "O *fiador* que não integrou *a* relação processual na *ação de despejo* não responde pela execução do julgado". Julgada pela S3 – Terceira Seção do STJ, em 22/05/2002.

Ora, esse entendimento é extremamente correto, na medida em que o fiador, se não foi citado no despejo, não pode ser reconhecido como devedor do título executivo, nos termos do art. 568, inc. I, do Código de Processo Civil, sob pena de ferir os princípios constitucionais do contraditório e da ampla defesa.[105]

É evidente que os pedidos na ação de despejo serão diferentes: a citação do locatário para responder ao pedido de rescisão do contrato e a citação do locatário e seu fiador para responderem ao pedido de cobrança, conforme expressamente previsto pela novel redação do inciso I.

O *inciso II* também incluiu o fiador, o que fez muito bem, determinando que tanto ele quanto o locatário possam evitar a rescisão do contrato, purgando a mora. Para tanto, deverão, no prazo de 15 dias, contados da citação, efetuar o pagamento total do débito, incluindo todos os encargos da mora, além dos honorários advocatícios e custas processuais.

Esse inciso é importante,[106] na medida em que o fiador, na qualidade de terceiro interessado, e geralmente responsável solidário, por determinação de cláusula contratual, também possa efetuar o pagamento da obrigação. Com essa redação, a lei reconhece ao fiador não somente deveres, mas também direitos.

Tanto o *inciso II como o III* trouxeram uma alteração considerável e elogiável, porque o locatário ou fiador não precisam mais de autorização judicial para realizar a purga da mora, uma vez que a lei retirou a expressão *"requerendo autorização"* e substituiu-a por *"efetuando a purga"*, o que está correto, porque a emenda da mora é um benefício con-

---

[105] Ver as decisões proferidas nos Recursos Especiais ns. 234727; 229284; 188173, dentre outras. O principal argumento está no fato de que *a simples intimação do fiador, sem que ele integre a lide de despejo como réu, impede a sua citação na fase da execução de sentença.*

[106] Embora o art. 304 do Código Civil já faculte esse direito ao fiador.

cedido ao locatário e seu fiador pela lei, sendo desnecessária a autorização judicial.

Assim basta que o locatário ou o fiador, no prazo de 15 dias,[107] a contar da citação, extraia a guia para pagamento e deposite judicialmente o valor integral do débito, sem que os autos sejam remetidos à contadoria para elaboração do cálculo.[108]

---

[107] A lei fixa o prazo de 15 dias, a contar da citação, para que o locatário e ou seu fiador beneficiem-se da emenda da mora, ou seja, dentro do prazo de defesa. Assim sendo, se não agirem dentro deste prazo não haverá mais possibilidade de fazê-la. Nesse sentido, a decisão do Tribunal de Justiça deste Estado, conforme a ementa: AGRAVO DE INSTRUMENTO. LOCAÇÃO. PURGA DA MORA NA EXECUÇÃO. IMPOSSIBILIDADE. A purga da mora, nos termos do inc. II do art. 62 da Lei n. 8.245/91, tem lugar no prazo da defesa à ação de conhecimento. Assim, tratando-se de execução do acórdão que manteve inalterada a sentença que decretou o despejo do locatário por falta de pagamento, inviável a abertura de prazo para purgar a mora. Desproveram o agravo de instrumento. (Agravo de Instrumento nº 70031121569, Décima Sexta Câmara Cível, Tribunal de Justiça do RS, Relator: Paulo Sérgio Scarparo, Julgado em 10/09/2009). O entendimento é o de que o juiz excepcionalmente pode prorrogar a data da purga da mora, se ocorrer um obstáculo judicial (não atribuível ao locatário) que torne inviável o cumprimento no dia aprazado. Nesse sentido, há muito já decidiu o Supremo Tribunal Federal, conforme teor da Súmula 173: Em caso de obstáculo judicial admite-se a purga da mora, pelo locatário, além do prazo legal.

[108] Pode o locatário ou o fiador oferecer outra coisa que não seja dinheiro? Não, a lei é clara, o depósito deve ser em espécie e não se admite dação em pagamento (art. 356 e ss do Código Civil). Basta analisar a ementa transcrita: LOCAÇÃO. AÇÃO DE DESPEJO. PURGA DA MORA. DAÇÃO DE BENS. A Lei nº 8.245/91 não deixa dúvidas de que o depósito deve ser em espécie, visto que até 15 (quinze) dias da autorização da emenda da mora, o locatário deve pagar os aluguéis, acessórios, multas, juros de mora e as custas e honorários do advogado do locador. A dação em pagamento é incompatível com a purga da mora, descabendo nomeação de bens para posterior avaliação por não se tratar de processo de execução. É desacolhido o pedido de assistência judiciária gratuita, uma vez que o depósito deve ser integral, contemplando as custas e os honorários do advogado do locador nos termos do art. 62, II, letra "d", da Lei nº 8.245/91.Apelação desprovida. (TJRS, Apel. Cív. n. 70003046034, 16ª CC., j. 19/9/2001).

Como a lei dispensou o requerimento ao juiz de autorização para a purga da mora, consequentemente não haverá mais a intimação do réu comunicando o deferimento do seu pedido, o que torna mais ágil o despejo.

A nova redação é claríssima: o locatário ou o fiador, pretendendo evitar a rescisão da locação, deverão, no prazo da contestação, efetuar o pagamento integral do débito, sem a necessidade de requerer autorização judicial.

A única comunicação que deverá ser feita ao locatário ou ao seu procurador, por carta ou publicação no órgão oficial, a pedido do locador, é no caso desse depósito não ter sido integral, possibilitando que seja complementado, no prazo de 10 dias, contados da intimação, sob pena do despejo prosseguir pela diferença, permitindo a lei que o locador possa levantar a quantia depositada, cujo valor é incontroverso (inc. IV) .

É claro que nesse caso não basta o locador discordar do valor, mas deverá fundamentar o pedido, comprovando no processo a existência da diferença e requerendo a intimação do réu ou de seu procurador para que efetue o pagamento da diferença no prazo legal.

A lei, ao mesmo tempo em que beneficia o locatário e ou o fiador com a possibilidade de purga da mora, também traz uma vedação a esse direito: se o locatário já tiver se utilizado dessa faculdade nos *24 meses imediatamente anteriores* à propositura dessa ação, no parágrafo único do art. 62.[109]

A lei não admite que um locatário relapso de suas obrigações possa evitar a rescisão do contrato, através da emenda da mora, se já a utilizou, ainda que uma só vez,[110]

---

[109] A redação anterior também vedava o uso da emenda da mora se o locatário tivesse se utilizado dessa faculdade por duas vezes nos doze meses imediatamente anteriores à propositura da ação despejatória. Caso já tivesse se beneficiado da purga, só lhe restaria contestar a ação.

[110] Já que a Lei 12.112/09 não exige mais o uso da faculdade de emendar a mora por duas vezes, como previsto na Lei n. 8.245/91.

no período de 24 meses anteriores à propositura da ação. Esse prazo deve ser contado retrocedendo à data da distribuição da ação.[111] Nesse caso, penso que o locador deverá informar na própria inicial a utilização pelo locatário ou pelo fiador da purga da mora dentro do período fixado na lei, devendo constar no mandado citatório tão somente a possibilidade de contestar a ação, dentro do prazo legal, sob pena de rescisão da locação, com o consequente despejo.

---

[111] Essa vedação só deve levar em conta o pagamento que o locatário efetuou no prazo que a lei determina para purgar a mora, excetuando-se qualquer acordo feito judicial ou extrajudicial.

Artigo 63
Julgada procedente a ação de despejo, o juiz determinará a expedição de mandado de despejo, que conterá o prazo de 30 (trinta) dias para a desocupação voluntária, ressalvado o disposto nos parágrafos seguintes.
§ 1º [...]
[...]
b) o despejo houver sido decretado com fundamento no art. 9º ou no § 2º do art. 46.
[...]
Como era: Art. 63. Julgada procedente a ação de despejo, o juiz fixará prazo de trinta dias para a desocupação voluntária, ressalvado o disposto nos parágrafos seguintes:
§ 1º O prazo será de quinze dias se:
a) entre a citação e a sentença de primeira instância houverem decorrido mais de quatro meses; ou
b) o despejo houver sido decretado com fundamento nos incisos II e III do art. 9º ou no § 2º do art. 46.
§ 2º Tratando-se de estabelecimento de ensino autorizado e fiscalizado pelo Poder Público, respeitado o prazo mínimo de seis meses e o máximo de um ano, o juiz disporá de modo que a desocupação coincida com o período de férias escolares.
§ 3º Tratando-se de hospitais, repartições públicas, unidades sanitárias oficiais, asilos, estabelecimentos de saúde e de ensino autorizados e fiscalizados pelo Poder Público, bem como por entidades religiosas devidamente registradas, e o despejo for decretado com fundamento no inciso IV do art. 9º ou no inciso II do art. 53, o prazo será de um ano, exceto no caso em que entre a citação e a sentença de primeira instância houver decorrido mais de um ano, hipótese em que o prazo será de seis meses.
§ 4º A sentença que decretar o despejo fixará o valor da caução para o caso de ser executada provisoriamente.

Comparadas as duas redações acima citadas, verifica-se uma alteração surpreendente, na medida em que a nova redação do art. 63 vai agilizar a retomada do imóvel, após ser julgada procedente a ação de despejo, qualquer que seja sua fundamentação.

Anteriormente, após a sentença que decretava o despejo, o locatário era intimado para desocupar o imóvel voluntariamente, dentro do prazo fixado pelo julgador, o qual só começava a correr da data da intimação. Findo o prazo, se o locatário permanecesse no imóvel, o locador informava no processo, requerendo a expedição de mandado de despejo, incluindo o pedido do uso de força e arrombamento, se necessário, conforme art. 65. Esse mandado era cumprido pelo oficial de justiça.

Agora, a nova lei pretende reduzir, em muito, essa tramitação despejatória, porque não há mais a intimação do locatário para desocupação voluntária. A redação é muito clara ao determinar que, julgada procedente a ação, o juiz já determinará a expedição do mandado de despejo, com o prazo para desocupação voluntária.

O juiz já deve autorizar no próprio mandado despejatório a autorização para o oficial de justiça empregar a força e arrombamento,[112] se necessário, caso o locatário, findo o prazo, não desocupe o imóvel.

Geralmente o julgador fixa na sentença de uma ação de despejo o prazo de 30 dias para que o locatário desocupe voluntariamente o imóvel, salvo algumas exceções previstas nos §§ 1º a 3º. Contudo, o despejo por falta de pagamento não estava incluído entre as exceções, o que foi

---

[112] Como é cediço, o oficial de justiça não usará a própria força para desalijar o locatário, nem arrombará o imóvel, mas o fará através da ajuda da polícia e de um chaveiro. Descrevendo no auto de despejo tudo o que ocorreu durante a desocupação, a relação e a descrição dos bens, para poder retirá-los e encaminhá-los a um local que deverá ser designado pelo locador, bem como quem será o depositário, que ficará com a guarda desses bens, conforme § 1º do art. 63.

feito agora pela nova redação do § 1º, *b*, do artigo em comento, a qual fixou o prazo de 15 dias para a desocupação do imóvel, podendo ser executada provisoriamente a sentença, independentemente da caução prevista no art. 64, como será examinado.

Ao alargar o campo de sua aplicação atingindo todos os incisos do art. 9º (conforme previsão do § 1º, *b*, do art. 63), principalmente o despejo por falta de pagamento, é óbvio que só pode estar se referindo àquele previsto no art. 62 que não admite a concessão de liminar.

Artigo 64

Salvo nas hipóteses das ações fundadas no art. 9º, a execução provisória do despejo dependerá de caução não inferior a 6 (seis) meses nem superior a 12 (doze) meses do aluguel, atualizado até a data da prestação da caução.
[...]
Como era: Art. 64. Salvo nas hipóteses das ações fundadas nos incisos I, II e IV do art. 9º, a execução provisória do despejo dependerá de caução não inferior a doze meses e nem superior a dezoito meses do aluguel, atualizado até a data do depósito da caução.

§ 1º A caução poderá ser real ou fidejussória e será prestada nos autos da execução provisória.

§ 2º Ocorrendo a reforma da sentença ou da decisão que concedeu liminarmente o despejo, o valor da caução reverterá em favor do réu, como indenização mínima das perdas e danos, podendo este reclamar, em ação própria, a diferença pelo que a exceder.

Nos termos da redação anterior dos arts. 63, § 4º, e 64 da Lei n. 8.245/91, era indispensável a prestação de caução na execução provisória da sentença de despejo por falta de pagamento, o que era um absurdo.

A doutrina já havia se posicionado que a falta dessa hipótese dentre as exceções era um "erro imperdoável do legislador, tão evidente que só pode ser atribuído a defeito de impressão ou revisão".[113] [114]

---

[113] Ver: SOUZA, Sylvio Capanema de. Obra citada, p. 284.

[114] O Deputado Renato Vianna, relatando ter havido um erro de digitação, apresentou um Projeto de Lei, que recebeu o nº 2.384, de 10.12.1991, dando nova redação ao art. 64, da Lei 8.245/91, para mencionar os itens

A falta de referência, no art. 64 da referida lei, do inciso III do art. 9°, ocasionou enorme polêmica entre os operadores do Direito. Várias correntes doutrinárias e jurisprudenciais foram se formando. Uma considerava descabida a exigência do locador a prestação de caução para execução provisória do despejo por falta de pagamento, aceitando dispensá-la.

O Superior Tribunal de Justiça tem decisões nesse sentido, justificando que a ação de despejo por falta de pagamento constitui uma grande infração legal e ou contratual, consequentemente o juiz poderia incluí-la no inc. II do art. 9°, dispensando a caução na execução provisória da sentença despejo por falta de pagamento. Cabe trazer à lume algumas decisões neste sentido:

> RECURSO ESPECIAL. CIVIL. LOCAÇÃO. NATUREZA JURÍDICA DO CONTRATO CELEBRADO ENTRE DISTRIBUIDORA DE COMBUSTÍVEIS E POSTO DE ABASTECIMENTO DE VEÍCULO. CONTRATO DE LOCAÇÃO. APLICAÇÃO DA LEI N° 8.245/91. AÇÃO DE DESPEJO. INSTRUMENTO ADEQUADO. PRECEDENTES.RECURSO ESPECIAL PARCIALMENTE PROVIDO. 1.[...] 3.[...] A execução provisória do despejo, cujo fundamento é o descumprimento de cláusula contratual, não depende de caução, nos termos do art. 64 c/c o art. 9º, III, da Lei nº 8.245/91.4. O contrato celebrado entre empresa distribuidora de combustíveis e posto de abastecimento de automóveis, em que há pactos adjacentes ao aluguel do imóvel onde se desenvolverá a atividade comercial, possui natureza jurídica de locação, de modo que as relações negociais decorrentes dessa avença serão regidas pela Lei nº 8.245/91. Precedentes. 5.[...]. 7. Recurso especial parcialmente provido, para afastar a multa do art. 538 do CPC.[115]
>
> PROCESSUAL CIVIL. LOCAÇÃO DE IMÓVEL URBANO. MANDADO DE SEGURANÇA CONTRA ATO JUDICIAL. RECURSO DE APELA-

---

I, III e IV do art. 9°, e não os itens I, II e IV, como está na lei em vigor. Porém, não ocorreu a votação do Projeto de Lei n° 2.384/91, persistindo a obrigatoriedade de caução na execução provisória da sentença que decretar o despejo por falta de pagamento.

[115] REsp 839147/PR, RECURSO ESPECIAL 2006/0063417-0, Ministra Maria Thereza de Assis Moura, 6 T, 23/06/2009, DJe 03/08/2009.

ÇÃO RECEBIDO TÃO-SOMENTE NO EFEITO DEVOLUTIVO (INCISO V DO ART. 58 DA LEI NR. 8.245/91). FALTA DE PAGAMENTO. EXECUÇÃO PROVISÓRIA DO DESPEJO (*CAPUT* DO ART. 64 DA LEI N. 8.245/91). CAUÇÃO; DISPENSABILIDADE. A falta de pagamento do aluguel e demais encargos constitui infração de obrigação legal (inciso II do art. 9. c/c inciso I do art. 23, ambos da Lei n. 8.245/91). Recurso conhecido e improvido. I – O mandado de segurança contra ato judicial só e admitido em casos excepcionalíssimos, ou seja, contra decisões "teratológicas". O ato de não emprestar efeito suspensivo a recurso que não o tem, não pode ser considerado "teratológico". Ao contrário, está amparado na lei. II – O *caput* do art. 64 da Lei n. 8.245/91 não ressalvou o inciso III do art. 9º no entanto, dentre as obrigações do locatário consta, em primeiro lugar, a de pagar pontualmente o aluguel e os encargos da locação (inciso I do art. 23). Então, a falta de pagamento do aluguel implica, necessariamente, ocorrência de infração de obrigação legal (inciso II do art. 9º) E, nessa hipotese, dispensa-se a caução para a execução provisória do despejo. III – Recurso ordinário conhecido e improvido.[116]

Nesse sentido também se posicionava Sylvio Capanema de Souza: "nada impede, portanto, a nosso aviso, que o juiz dispense a caução, para a execução provisória do julgado, alegando que a lei omitiu o inciso III do art. 9º por entender que a hipótese ali versada já estaria incluída

---

[116] RMS 3289-SP, RECURSO ORDINÁRIO EM MANDADO DE SEGURANÇA n. 1993/0020145-0, Ministro Adhemar Maciel, j. 13/06/1995, 6 T, DJ 09/10/1995, p. 33615. Igualmente podemos encontrar decisões do Tribunal de Justiça do RS que também dispensavam a caução, conforme a ementa: AÇÃO DE DESPEJO POR FALTA DE PAGAMENTO CUMULADA COM COBRANÇA DE ALUGUÉIS. CONTRATO DE LOCAÇÃO. AGRAVO RETIDO. PRESTAÇÃO DE CAUÇÃO. CASO CONCRETO. MATÉRIA DE FATO. A falta de pagamento do aluguel implica, necessariamente, ocorrência de infração de obrigação legal (inciso II do art. 9º, da Lei do Inquilinato) e, nessa hipótese, dispensa-se a caução para a execução provisória do despejo. NULIDADE DO PROCESSO. AUSÊNCIA DE NOTIFICAÇÃO DOS FIADORES. A ausência de notificação dos fiadores para a ação de despejo não tem o condão de nulificar a demanda. Apelo desprovido. (Apelação Cível nº 70010967016, Décima Quinta Câmara Cível, Tribunal de Justiça do RS, Relator: Vicente Barrôco de Vasconcellos, Julgado em 06/04/2005).

no inciso II, uma vez que, em ambas, a causa de pedir é a violação do contrato".[117]

Outra posição formou-se no sentido de obrigatoriedade da caução, sob pena de violação da lei. Vejamos algumas ementas transcritas:

> AÇÃO DE DESPEJO POR FALTA DE PAGAMENTO. EXECUÇÃO PROVISÓRIA. INARREDABILIDADE DO DISPOSTO NOS ARTS. 63, § 4º, E 64 DA LEI 8.245/91. NECESSIDADE DE FIXAÇÃO DA CAUÇÃO. Recurso parcialmente conhecido e, nesta parte, provido.[118]
>
> RECURSO ESPECIAL. PROCESSUAL CIVIL E CIVIL. ACÓRDÃO. OMISSÃO. INEXISTÊNCIA. LOCAÇÃO. DESPEJO POR FALTA DE PAGAMENTO. SENTENÇA EXECUÇÃO PROVISÓRIA. CAUÇÃO. NECESSIDADE. DIVERGÊNCIA JURISPRUDENCIAL. CONFRONTAÇÃO ANALÍTICA. O acórdão recorrido não padece de invalidade, porquanto examinou, de forma clara e precisa, as questões suscitadas pelas partes, assentando-se em fundamentos suficientes à prestação jurisdicional invocada. É indispensável a prestação de caução para execução provisória de sentença proferida em ação de despejo por falta de pagamento. Precedentes [...].[119]

E, ainda, uma outra corrente, no sentido de que a caução não precisava ser necessariamente em dinheiro, mas poderia ser substituída pelo crédito que o locador tinha a receber. Basta analisar a ementa do Superior Tribunal de Justiça:

> CIVIL. LOCAÇÃO. FALTA DE PAGAMENTO. DESPEJO. CAUÇÃO FIXADA NA SENTENÇA. SUBSTITUIÇÃO PELOS ALUGUÉIS NÃO PAGOS. VIABILIDADE. RECURSO ESPECIAL NÃO CONHECIDO. I – O

---

[117] Obra citada. P. 285. Ao comentar essa matéria, o Autor cita decisão unânime do Superior Tribunal de Justiça que exigiu a caução na ação de despejo por falta de pagamento, sob pena de violação à expressa disposição da norma legal, conforme REsp n. 299.448/RJ, 6ª T, tendo como Relator Min. Fernando Gonçalves.

[118] REsp 753460/RJ, RECURSO ESPECIAL 2005/0085868-3, Ministro José Arnaldo da Fonseca, T5 – Quinta Turma, 17/11/2005, DJ 05/12/2005, p. 375.

[119] REsp 613203/RJ, RECURSO ESPECIAL 2003/0218674-1 Ministro Paulo Medina, T6 – Sexta Turma 23/03/2004 DJ 26/04/2004, p. 224.

locador, em virtude de atraso no pagamento dos aluguéis, moveu ação de despejo. Ganhou. O juiz, ao proferir a sentença, fixou a caução no montante de 12 locativos. O locador, mesmo sem prestar a caução, pediu fosse a locatária notificada para o desalijo. Seu pedido foi atendido. Mais tarde, o magistrado, atendendo a requerimento do locador, aceitou os aluguéis em atraso como caução. Insatisfeita, a locatária interpôs agravo de instrumento, que foi improvido pelo Tribunal "a quo". Daí a interposição do recurso especial pelo autorizativo constitucional da alinea "a" (Lei nº 8.245/91, art. 63, § 4º). II – Toda lei, ao regular hipoteticamente determinada situação jurídica, tem seu fim. E esse fim, desde que não seja da essência do ato, pode ser alcançado de mais de uma maneira. foi o que se deu "in casu". A substituição da caução de 12 meses de aluguel, fixada na sentença, poderia ser perfeitamente feita, desde que equivalente, pelo débito da locatária/recorrente. Isso não briga com o § 4º do art. 63 da lei do inquilinato e nem hostiliza a certeza da sentença. III – Recurso especial não conhecido.[120]

Nesse sentido também algumas decisões do Tribunal de Justiça do RS:

AÇÃO DE DESPEJO POR FALTA DE PAGAMENTO CUMULADA COM COBRANÇA. Caso concreto. Matéria de fato. Execução provisória. Locação. Caso concreto. Matéria de fato. Admissibilidade de que os aluguéis e encargos inadimplidos sirvam como caução. Apelo provido.[121]

AGRAVO DE INSTRUMENTO. LOCAÇÃO. DESPEJO. EXECUÇÃO PROVISÓRIA DE SENTENÇA. INDEFERIMENTO DE PEDIDO DE SUBSTITUIÇÃO DA CAUÇÃO EM DINHEIRO POR CRÉDITOS DECORRENTES DE ALUGUÉIS EM ATRASO. Arts. 63, § 4º, e 64 da Lei nº 8.245/91. Obrigatoriedade da fixação de caução para execução provisória da sentença que decretar o despejo. Existido sentença que decretou o despejo da agravada por falta de pagamento de aluguéis e encargos, é possível que sejam dados em caução, em vez de dinheiro,

---

[120] REsp nº 42193/SP, 6ª Turma do STJ, Relator Min. Adhemar Maciel, Data da Decisão 22/03/1994, Fonte DJU de 18/04/1994, p. 8533, RSTJ Vol. 59, p. 401.

[121] Apelação Cível nº 70032448912, Décima Quinta Câmara Cível, Tribunal de Justiça do RS, Relator: Vicente Barrôco de Vasconcellos, Julgado em 11/11/2009.

créditos decorrentes dos locativos em atraso. Entendimento do STJ e deste Pretório. Agravo provido, em decisão monocrática.[122]

AGRAVO DE INSTRUMENTO. LOCAÇÃO. DESPEJO POR FALTA DE PAGAMENTO. EXECUÇÃO PROVISÓRIA. CAUÇÃO. SUBSTITUIÇÃO PELO CRÉDITO DE LOCATIVOS. POSSIBILIDADE. DESPEJO COMPULSÓRIO. Nulidade da execução por alegada irregularidade de representação processual da agravada afastada. É possível a substituição da caução, para ajuizamento de execução provisória, pelos créditos decorrentes do não pagamento de aluguéis e encargos que possui a exeqüente/locadora junto ao executado/locatário. AJG. Benefício deferido. Agravo de instrumento desprovido de plano, com fundamento no art. 557, *caput*, do CPC.[123]

APELAÇÃO CÍVEL. LOCAÇÃO. DESPEJO POR FALTA DE PAGAMENTO. EXECUÇÃO PROVISÓRIA. CAUÇÃO. EXIGÊNCIA LEGAL. Julgada procedente a ação de despejo, com fundamento no art. 9º, inc. III, da lei n. 8.245/91, o recurso deve ser recebido com efeito devolutivo (art. 58, inc. V, da Lei n. 8.245/91) e a execução provisória do julgado dependerá de caução, nos termos do art. 64, *caput*, da Lei 8.245/91. Ausência de bens a garantir a execução. Prestação de caução pelo crédito do locador junto ao locatário proveniente de locativos e encargos impagos. Possibilidade. Precedente jurisprudencial. É de ser aceita a caução para a execução provisória da sentença em valor de seu crédito proveniente de locativos e encargos impagos pelo locatário. Agravo de instrumento provido.[124]

Dessa forma, a nova redação trazida pela Lei n. 12.112 veio pôr fim a essas correntes, já que dispensou a exigência da caução para o caso de ser executada provisoriamente a sentença proferida na ação de despejo por falta de pagamento, retirando o pesado "fardo" que recaía sobre o

---

[122] Agravo de Instrumento nº 70032702979, Décima Sexta Câmara Cível, Tribunal de Justiça do RS, Relator: Marco Aurélio dos Santos Caminha, Julgado em 14/10/2009.

[123] Agravo de Instrumento nº 70014318588, Décima Sexta Câmara Cível, Tribunal de Justiça do RS, Relator: Paulo Augusto Monte Lopes, Julgado em 13/02/2006.

[124] Agravo de Instrumento nº 70011188943, Décima Sexta Câmara Cível, Tribunal de Justiça do RS, Relator: Ana Beatriz Iser, Julgado em 25/05/2005.

locador, que não recebia os locativos e ainda necessitava prestar uma caução para executar provisoriamente a sentença.

Por outro lado, a nova redação do art. 64 reduziu o valor da caução a ser fixado pelo julgador, variando de no mínimo 6 meses a no máximo 12 meses de aluguel atualizado na época do depósito.

Assim sendo, qualquer ação despejatória que estiver fora da abrangência do art. 9º e dos incisos do § 1º do art. 59 (despejos com liminar), só poderá executar provisoriamente o julgado, sem esperar o resultado da apelação, se for prestada a caução fixada pelo juiz na sentença.

Ademais, o art. 58 inclui também as ações renovatórias, as revisionais e as consignatórias, o que significa que os recursos interpostos contra as sentenças só terão efeito devolutivo (inc. V), podendo ser executado provisoriamente o *decisum*, desde que prestada a caução, nos termos do art. 64.

Artigo 68
Na ação revisional de aluguel, que terá o rito sumário, observar-se-á o seguinte:
[...]
II – ao designar a audiência de conciliação, o juiz, se houver pedido e com base nos elementos fornecidos tanto pelo locador como pelo locatário, ou nos que indicar, fixará aluguel provisório, que será devido desde a citação, nos seguintes moldes:
a) em ação proposta pelo locador, o aluguel provisório não poderá ser excedente a 80% (oitenta por cento) do pedido;
b) em ação proposta pelo locatário, o aluguel provisório não poderá ser inferior a 80% (oitenta por cento) do aluguel vigente;
[...]
IV – na audiência de conciliação, apresentada a contestação, que deverá conter contraproposta se houver discordância quanto ao valor pretendido, o juiz tentará a conciliação e, não sendo esta possível, determinará a realização de perícia, se necessária, designando, desde logo, audiência de instrução e julgamento;
V – o pedido de revisão previsto no inciso III deste artigo interrompe o prazo para interposição de recurso contra a decisão que fixar o aluguel provisório.
Como era: Art. 68. Na ação revisional de aluguel, que terá o rito sumaríssimo, observar-se-á o seguinte:
I – além dos requisitos exigidos pelos arts. 276 e 282 do Código de Processo Civil, a petição inicial deverá indicar o valor do aluguel cuja fixação é pretendida;

II – ao designar a audiência de instrução e julgamento, o juiz, se houver pedido e com base nos elementos fornecidos pelo autor ou nos que indicar, fixará aluguel provisório, não excedente a oitenta por cento do pedido, que será devido desde a citação;
III – sem prejuízo da contestação e até a audiência, o réu poderá pedir seja revisto o aluguel provisório, fornecendo os elementos para tanto;
IV – na audiência de instrução e julgamento, apresentada a contestação, que deverá conter contraproposta se houver discordância quanto ao valor pretendido, o juiz tentará a conciliação e, não sendo esta possível, suspenderá o ato para a realização de perícia, se necessária, designando, desde logo, audiência em continuação.
§ 1º Não caberá ação revisional na pendência de prazo para desocupação do imóvel (arts. 46, § 2º, e 57), ou quando tenha sido este estipulado amigável ou judicialmente.
§ 2º No curso da ação de revisão, o aluguel provisório será reajustado na periodicidade pactuada ou na fixada em lei.

As alterações sofridas por este artigo dizem respeito ao aspecto processual da ação revisional de aluguel, a começar pela alteração do nome do procedimento para sumário,[125] e não mais sumaríssimo, como antigamente.[126]

---

[125] Nada impede de ocorrer a conversão do rito sumário para ordinário. Basta ver a decisão: AGRAVO DE INSTRUMENTO. REVISIONAL DE ALUGUEL. ILEGITIMIDADE PASSIVA. MANTIDA. CONVERSÃO DO RITO SUMÁRIO EM ORDINÁRIO. POSSIBILIDADE. Inexiste o alegado prejuízo pretensamente causado ao recorrente, em vista de que tal medida é adotada como meio de o magistrado buscar outros elementos capazes de firmar sua convicção. Tal fato se dá em razão da conveniência da causa, bem como a disponibilidade de tempo para uma análise criteriosa das alegações e provas contidas nos autos. NECESSIDADE DE REALIZAÇÃO DE PERÍCIA. CASO CONCRETO. O Juiz tem ampla liberdade para decidir acerca da necessidade ou não da realização de perícia para apuração da avaliação do imóvel, especialmente em caso de ação revisional de contrato de locação. DECISÃO MANTIDA. NEGADO PROVIMENTO AO AGRAVO DE INSTRUMENTO. (Agravo de Instrumento nº 70026848895, Décima Quinta Câmara Cível, Tribunal de Justiça do RS, Relator: Angelo Maraninchi Giannakos, Julgado em 20/10/2008).

[126] Essa alteração no procedimento comum decorreu da Lei n. 8.952, de 13/12/1994, que alterou o art. 272 do Código de Processo Civil. Então estava na hora de corrigir o nome do procedimento para sumário para adequá-lo à nova redação da lei processual civil.

Além disso, também era preciso consertar os equívocos constantes no dispositivo legal, quanto ao procedimento sumário. A lei anteriormente dizia que o juiz, *ao designar a audiência de instrução e julgamento* [...]; ora, nesta espécie de procedimento, a primeira coisa que o juiz faz é designar uma audiência de conciliação (não de instrução e julgamento, como dizia a redação anterior), nos termos do art. 277 do Código de Processo Civil, e depois determinar a citação do réu para nela comparecer. Nesta audiência, se as partes realizarem acordo, será reduzida a termo a conciliação e homologada pelo julgador; não obtida a conciliação, o réu deverá apresentar sua contestação, o juiz decidirá acerca das provas e designará audiência de instrução e julgamento, se necessário (arts. 278 e seguintes do CPC).

A nova redação apenas ajustou a Lei Inquilinária ao Código de Processo Civil, no que diz respeito ao procedimento sumário – arts. 275 e ss.

Cabe ressaltar, ainda, as alíneas introduzidas no inciso II do dispositivo legal, nas quais estão previstas dois tipos de ações revisionais: uma proposta pelo locador e a outra pelo locatário, conforme faculta o art. 19 da Lei Inquilinária. A redação anterior dava a entender que somente o locador tinha legitimidade ativa para movê-la.

Segundo o art. 19 da Lei do Inquilinato, tanto um quanto o outro podem mover a ação com o objetivo de rever o aluguel, para ajustá-lo ao preço de mercado. Na situação em que o aluguel estiver muito aquém do mercado, o locador ajuizará a ação revisional, pleiteando um aluguel provisório não poderá exceder a 80% do valor pedido; quando o aluguel estiver acima do valor de mercado, o locatário promoverá a ação, requerendo a fixação do aluguel provisório não podendo ser inferior a 80% do aluguel vigente.[127] O aluguel provisório, fixado pelo juiz, passa a ser exigido a partir da citação.

Entendo que a expressão – *pedido* –, usada pela lei, não diz respeito à diferença entre o valor pleiteado na inicial e aquele que já vem sendo pago pelo locatário, mas ao valor integral que está sendo requerido na revisional.

Ademais, no inciso III do artigo 68, a lei prevê a possibilidade de o réu, antes de contestar ou até a audiência, pleitear a revisão do aluguel provisório, comprovando que o valor fixado não condiz com os valores de mercado. Este

---

[127] O Tribunal de Justiça do Estado decidiu que sem a presença de elementos concretos, ou seja, perícia técnica, acerca do valor de mercado, não poderá ser fixado um aluguel provisório. Veja a ementa: AGRAVO DE INSTRUMENTO. DECISÃO MONOCRÁTICA. AÇÃO REVISIONAL DE ALUGUEL. FIXAÇÃO DO ALUGUEL PROVISÓRIO. SEM A PRESENÇA DE ELEMENTOS OBJETIVOS E CONCRETOS ACERCA DO VALOR DE MERCADO DA LOCAÇÃO, NÃO HÁ COMO, "IN INITIO LITIS", ESTABELECER O MONTANTE DO ALUGUEL AINDA QUE A TÍTULO PROVISÓRIO. NECESSIDADE DE APURAÇÃO DO VALOR DE MERCADO MEDIANTE PERÍCIA TÉCNICA. PRECEDENTES. RECURSO PROVIDO. (Agravo de Instrumento nº 70030565667, Décima Quinta Câmara Cível, Tribunal de Justiça do RS, Relator: Otávio Augusto de Freitas Barcellos, Julgado em 29/06/2009). Com a máxima vênia, não há necessidade de apuração do valor de mercado através de perícia técnica para que o julgador possa fixar o aluguel provisório. Basta que o autor apresente com a inicial alguma prova que sirva para mostrar a modificação no mercado. Geralmente são anexas, com a inicial, avaliações ou estimativas de administradoras de imóveis, para comprovar o valor de mercado do imóvel locado, o que tem sido admitido pelo juiz para a fixação do aluguel provisório. A perícia somente será realizada se, na audiência de conciliação, apresentada a contestação e com ela a contraproposta do locatário, houver discordância quanto ao valor pretendido, nos termos do inciso IV, do art. 68. Do contrário estar-se-ia impondo ao autor um ônus muito grande. Daí porque não pode o juiz deixar de fixar o aluguel provisório, exigindo que primeiro seja feita a perícia técnica, para que tenha uma prova concreta. Este não é, e sequer será, o objetivo da lei. A previsão da fixação de um aluguel provisório, como pode ser revisto a qualquer tempo, jamais poderá ficar condicionada à realização de uma perícia técnica. Inclusive o pedido de revisão do aluguel provisório, interrompe o prazo do recurso de agravo de instrumento, conforme determina o inciso V deste dispositivo legal.

pedido interrompe o prazo para interposição do recurso de agravo de instrumento, que recomeçará a fluir do momento em que tomar ciência da decisão do juiz que indeferiu a revisão, nos termos do novel inciso V.

Por fim, não se pode olvidar que, se for o locador quem estiver propondo a revisional, esse aluguel provisório, bem como a diferença dos alugueres, se houver, poderá ser cobrado através de uma ação de despejo por falta de pagamento (art. 62), como tratado alhures, ou nos autos da própria ação revisional (art. 69, § 2º), à sua escolha, mas só após o trânsito em julgado da sentença.

Artigo 71

[...]
V – indicação do fiador quando houver no contrato a renovar e, quando não for o mesmo, com indicação do nome ou denominação completa, número de sua inscrição no Ministério da Fazenda, endereço e, tratando-se de pessoa natural, a nacionalidade, o estado civil, a profissão e o número da carteira de identidade, comprovando, desde logo, mesmo que não haja alteração do fiador, a atual idoneidade financeira;
[...]
Como era: Art. 71. Além dos demais requisitos exigidos no art. 282 do Código de Processo Civil, a petição inicial da ação renovatória deverá ser instruída com:
I – prova do preenchimento dos requisitos dos incisos I, II e III do art. 51;
II – prova do exato cumprimento do contrato em curso;
III – prova da quitação dos impostos e taxas que incidiram sobre o imóvel e cujo pagamento lhe incumbia;
IV – indicação clara e precisa das condições oferecidas para a renovação da locação;
V – indicação de fiador quando houver no contrato a renovar e, quando não for o mesmo, com indicação do nome ou denominação completa, número de sua inscrição no Ministério da Economia, Fazenda e Planejamento, endereço e, tratando-se de pessoa natural, a nacionalidade, o estado civil, a profissão e o número da carteira de identidade, comprovando, em qualquer caso e desde logo, a idoneidade financeira;
VI – prova de que o fiador do contrato ou o que o substituir na renovação aceita os encargos da fiança, autorizado por seu cônjuge, se casado for;
VII – prova, quando for o caso, de ser cessionário ou sucessor, em virtude de título oponível ao proprietário.
Parágrafo único. Proposta a ação pelo sublocatário do imóvel ou de parte dele, serão citados o sublocador e o locador, como litisconsortes,

salvo se, em virtude de locação originária ou renovada, o sublocador dispuser de prazo que admita renovar a sublocação; na primeira hipótese, procedente a ação, o proprietário ficará diretamente obrigado à renovação.

A ação renovatória é aquela pela qual o locatário não residencial, que preenche alguns requisitos legais,[128] pleiteia a renovação do seu contrato de locação, permanecendo na locação, de regra, pelo mesmo prazo do contrato a renovar, ou seja, cinco (5) anos. Dificilmente um locatário preenche os requisitos exigidos pela lei para ter direito à renovatória, pois, no mínimo, o contrato de locação não residencial deve estar vigorando por prazo determinado, pelo prazo mínimo de 5 anos,[129] deve estar no mesmo negócio pelo prazo mínimo de três anos, precisa ser um cumpridor de todas as suas obrigações e, principalmente, deve mover esta ação dentro do prazo decadencial previsto no § 5º do art. 51, isto é, no interregno de 1 ano, no máximo, a 6 meses, no mínimo, antes de findar o prazo determinado do contrato em vigor,[130] sob pena de perder o direito e ter sua locação tratada como uma locação não residencial comum.[131]

---

[128] Ver art. 51 da Lei n. 8.245/91.

[129] O que pode ocorrer de duas maneiras: ou porque foi locado inicialmente pelo prazo determinado de, no mínimo 5 anos, ou porque celebrou vários contratos a prazo determinado, totalizando 5 anos, sendo que o último ainda deve estar vigorando a prazo determinado. Nesta última hipótese ocorre a *"accessio temporis"*, ou seja, a soma dos tempos, o que significa a soma dos prazos contratuais. A ação renovatória é um direito potestativo do locatário, que não cabe ao locador fazer nada, a não ser se sujeitar, pois é um direito que não tem prestação e, consequentemente, não tem violação, mas apenas sujeição da parte contrária, razão pela qual é muito difícil de o locatário preencher os requisitos necessários para tal ação.

[130] Esses requisitos são retirados da conjugação dos arts. 51 e 71 da Lei do Inquilinato.

[131] Ora, só na locação com direito à renovatória, é que se pode falar em proteção ao *fundo de comércio*, o que vulgarmente se chama *"ponto comercial"*, inclusive com direito a indenização com mudança, perda do lugar e desvalorização do fundo de comércio. Na locação não residencial comum, que não tem essa proteção, porque o locatário não preenche

A alteração do art. 71 passou a exigir que na ação renovatória haja a comprovação atual da idoneidade financeira do fiador, mesmo que inexista alteração do garantidor.

Assim sendo, para que o juiz possa renovar o contrato de locação não residencial, por mais 5 anos, precisa restar comprovado pelo locatário que o garantidor da locação, no caso o fiador, terá condições de suportar esta obrigação durante todos esses anos, pois dispõe de uma situação financeira estável.

Ora, é sabido que, com o passar dos anos da locação, a situação econômica do fiador pode mudar, o que dificultará o cumprimento da obrigação.

A lei anterior exigia a prova de idoneidade financeira somente do novo fiador. Agora a alteração feita pela nova lei determina que, ainda que permaneça o fiador do contrato original, faz-se também necessária a prova da sua idoneidade financeira, constituindo-se em um dos requisitos indispensáveis à ação. Na falta dessa comprovação, o juiz não poderá renovar o contrato. Inclusive é matéria a ser alegada em contestação, pelo locador, nos termos do art. 72, inc. I.

Na realidade essa alteração serviu para sanar as inúmeras dúvidas criadas pela omissão da redação anterior e pôr fim às divergências jurisprudenciais que ora exigiam a comprovação da idoneidade do fiador, mesmo que mantido aquele do contrato original;[132] ora dispensavam total-

---

os requisitos para tal, não há direito a essa indenização e não se fala em "fundo de comércio". O locatário sujeita-se ao despejo por denúncia vazia, previsto nos art. 56 e 57 da Lei, porém sem direito a qualquer indenização. E, agora, com as alterações, nesta ação de despejo pode ser concedida liminar para desocupação em 15 dias, nos termos do art. 59, § 1º, inciso VIII.

[132] Conforme decisão: AGRAVO DE INSTRUMENTO. DECISÃO MONOCRÁTICA. RENOVATÓRIA DE LOCAÇÃO. IDONEIDADE DO FIADOR. É NECESSÁRIA A COMPROVAÇÃO DA IDONEIDADE FINANCEIRA DO FIADOR QUANDO FOR MANTIDO O ORIGINAL OU EM CASO DE SUA SUBSTITUIÇÃO. CASO CONCRETO. Parte ré não trouxe provas comprovando a falta de idoneidade do novo fiador.

mente essa prova[133]; ora entendiam que era dispensável a prova da idoneidade, porque era presumida[134] e, por fim, algumas decisões no sentido de que não é requisito imprescindível apresentar com a inicial a prova da idoneidade, porque pode ser comprovada durante a instrução.[135]

Idoneidade presumida. Negado seguimento ao recurso. (Agravo de Instrumento n° 70031223530, Décima Quinta Câmara Cível, Tribunal de Justiça do RS, Relator: Otávio Augusto de Freitas Barcellos, Julgado em 13/08/2009).

[133] Conforme ementa: AGRAVO DE INSTRUMENTO. RENOVATÓRIA DE LOCAÇÃO. O SIMPLES AJUIZAMENTO DA AÇÃO INTERROMPE O PRAZO DECADENCIAL. FIADOR. IDONEIDADE. Se o fiador oferecido na renovatória e o mesmo da locação renovanda, não há que se exigir prova de sua idoneidade financeira, cabendo ao locador interessado a prova de que ele não mais seja idôneo. Recurso improvido. Unânime. (Agravo de Instrumento n° 598321701, Décima Quinta Câmara Cível, Tribunal de Justiça do RS, Relator: Otávio Augusto de Freitas Barcellos, Julgado em 04/11/1998)

[134] Basta analisar as ementas do Tribunal de Justiça do RS e do Superior Tribunal de Justiça a seguir transcritas: RENOVATÓRIA DE LOCAÇÃO. INÉPCIA DA INICIAL. HONORÁRIOS. Admite-se a juntada aos autos da comprovação da quitação dos impostos durante a instrução do feito. É presumida a idoneidade do fiador se indicado o mesmo do contrato renovando. Verba honorária bem distribuída. Apelação desprovida. (Apelação Cível n° 197282205, Quinta Câmara Cível, Tribunal de Alçada do RS, Relator: Márcio Borges Fortes, Julgado em 12/02/1998) e LOCAÇÃO. RENOVATÓRIA. FIADORES DO CONTRATO ANTERIOR. PROVA DA IDONEIDADE. A trato dos mesmos fiadores do contrato a renovar, o art. 71, V, da Lei 8.245/1991, dispensa a comprovação liminar da idoneidade; pelo que, a elisão dessa presunção e diferida para a instrução, assim tornando-se inviável decidi-la no saneador. – RECURSO ESPECIAL. Julga-se prejudicado o recurso discursivo da sucumbência, se procedente o recurso da parte contrária. (REsp 61848/SP RECURSO ESPECIAL 1995/0010779-1Ministro José Dantas, T5 – Quinta Turma, j. 08/10/1996, DJ 04/11/1996 p. 42492 RSTJ vol. 93 p. 371).

[135] De acordo com a ementa: LOCAÇÃO. RENOVATÓRIA. A decisão que, considerando corrigido o defeito da inicial, desacolhe a alegação de inépcia da peça primeira, não fere a lei federal. No curso da instrução pode ser feita a prova da *idoneidade* dos *fiadores*. Recurso especial não conhecido. Unânime. (REsp 12472/SP, RECURSO ESPECIAL 1991/0013935-1, Ministro Fontes de Alencar, T4 – Quarta turma, j.31/05/1993, DJ 02/08/1993 p. 14248).

Uma tremenda confusão agora sanada pela redação da nova lei, exigindo a prova da idoneidade do fiador, que deverá ser uma das provas necessárias para instruir a inicial da renovatória. Nesse aspecto, andou bem a novel legislação.

Artigo 74

Não sendo renovada a locação, o juiz determinará a expedição de mandado de despejo, que conterá o prazo de 30 (trinta) dias para a desocupação voluntária, se houver pedido na contestação.

Como era: Art. 74. Não sendo renovada a locação, o juiz fixará o prazo de até seis meses após o trânsito em julgado da sentença para desocupação, se houver pedido na contestação.

Uma grande inovação da Lei n. 12.112 está justamente na agilização das ações e isto não foi diferente com a renovatória. A lei estabelece que o juiz, ao não renovar a locação, qualquer que seja o motivo, determine na própria sentença a expedição de mandado de despejo,[136] para que o locatário desocupe voluntariamente o imóvel, no prazo de 30 dias.

Ressalte-se que essa determinação de desocupação do imóvel só será fixada pelo juiz se houver pedido do locador na contestação da renovatória. Caso contrário, o juiz apenas julgará improcedente a ação, sem determinar a expedição de mandado despejatório, devendo o locador, após o trânsito em julgado da decisão, promover a ação de despejo, se tiver interesse em reaver o imóvel.

---

[136] Isso funcionará da mesma forma que o despejo previsto no art. 63, onde o locatário não será intimado para desocupar voluntariamente o imóvel para depois ser expedido o mandado despejatório. O juiz, na sentença, determinará a expedição do mandado de despejo, que será cumprido pelo oficial de justiça, devendo já constar a autorização do emprego de força e arrombamento, se necessário, para o caso de recusa do locatário em sair do imóvel.

É óbvio que esse prazo para desocupação do imóvel, seja por determinação do juiz na própria ação renovatória, seja através de uma ação de despejo movida pelo locador, só poderá começar a correr do término do prazo determinado do contrato original, o qual deve ser respeitado.[137] Note-se que a fixação do prazo de 30 dias, para que o locatário desocupe o imóvel, em caso de improcedência da ação renovatória, constitui em uma importante modificação, na medida em que a redação anterior deixava à escolha do julgador a fixação do prazo em *até 6 meses*. O que comumente ocorria era a fixação do prazo de 6 meses, conforme o art. 360 do CPC de 1939, vigente por força do art. 1.218, III, do atual CPC.[138]

---

[137] Como determina o art. 4º da Lei do Inquilinato, o locador não poderá reaver o imóvel locado durante o prazo estipulado para a duração do contrato, ou seja, enquanto não ocorrer o vencimento do contrato, seja residencial ou não residencial. Isso se aplica mesmo que exista uma sentença na ação renovatória, determinando a desocupação pelo locatário. O prazo de 30 dias para desocupação do imóvel terá início do trânsito em julgado da sentença, mas deverá ficar suspenso enquanto o contrato estiver vigorando a prazo determinado.

[138] Basta analisar as ementas do Superior Tribunal de Justiça: LOCAÇÃO COMERCIAL – RENOVATÓRIA – IMPROCEDÊNCIA – DESOCUPAÇÃO – PRAZO DE SEIS MESES – RETOMADA PARA USO PRÓPRIO – SINCERIDADE DO PEDIDO – EXAME – SÚMULA 07. 1 – O exame da sinceridade do pedido, na retomada do imóvel para uso próprio, exige o revolvimento de matéria fática, encontrando óbice na Súmula 07 do STJ. 2 – Improcedente a *renovatória*, tem o locatário o *prazo* de seis meses para a *desocupação* do imóvel, 3 – Recurso conhecido parcialmente e nesta parte provido. (REsp 77386/SP, RECURSO ESPECIAL 1995/0054614-0 Ministro Gilson Dipp, T5 – Quinta Turma, 27/04/1999 DJ 24/05/1999 p. 184). E COMERCIAL. RECURSO ESPECIAL. LOCAÇÃO. AÇÃO RENOVATÓRIA. CARÊNCIA. DESOCUPAÇÃO. PRAZO DE SEIS MESES. 1. Proclamada, nas instâncias ordinárias, a interrupção significativa do contrato, inviável se torna o reexame da questão na via do recurso especial. 2. Firmou-se a jurisprudência no sentido de que, não prorrogado o contrato locatício do prédio, destinado a fins comerciais, quer por improcedência ou carência da ação renovatória, quer por não haver promovido esta em tempo hábil, fica obrigado o locatário, após expirado o prazo contratual, a desocupar o imóvel, dentro do período de seis meses, na forma preconizada no art. 360, do CPC de 1939. 3. Precedentes do STJ. 4. Recurso não conhecido. (REsp 48192/MG. RECUR-

Essa sentença que julgar improcedente a renovatória e decretar o despejo do locatário, para desocupação em 30 dias, pode ser executada provisoriamente, desde que prestada a caução fixada pelo julgador, nos termos do art. 64. O recurso não terá efeito suspensivo, mas só devolutivo, de acordo com o art. 58, inc. V.

Note-se que, pela redação anterior o juiz fixava o prazo de até 6 meses para a desocupação do locatário, que só começava a correr do trânsito em julgado da decisão.

Agora a nova redação foi mais severa com o locatário pois, além de diminuir consideravelmente o prazo para a desocupação para 30 dias, não condicionou o início do prazo ao trânsito em julgado do *decisum*.[139]

SO ESPECIAL 1994/0014172-6 Ministro Anselmo Santiago, T6 – Sexta Turma, 15/12/1994, DJ 12/06/1995, p. 17646).

Cite-se também a decisão do Tribunal de Justiça do RS: AÇÃO RENOVATÓRIA. LOCAÇÃO COMERCIAL. REQUISITOS DO ARTIGO 71 DA LEI 8.245/91 NÃO IMPLEMENTADOS. PRAZO PARA DESOCUPAÇÃO. SEIS MESES A CONTAR DO TRÂNSITO EM JULGADO DA SENTENÇA. REDUÇÃO DO VALOR FIXADO A TÍTULO DE HONORÁRIOS ADVOCATÍCIOS EM CASO DE NAO INTERPOSIÇÃO DE RECURSO. AUSÊNCIA DE PREVISÃO LEGAL. A ação renovatória de locação visa assegurar ao locatário o direito de pleitear a renovação do contrato de locação, desde que satisfeitos os requisitos legais dos artigos 51 e 71 da Lei 8.245/91, o que, no caso, não ocorreu. Prazo para desocupação. Seis meses a contar do trânsito em julgado da sentença. Artigo 74, da Lei do Inquilinato. Ausência de previsão legal que possibilite redução no valor fixado a título de honorários advocatícios com objetivo de estimular a não interposição de recurso, porquanto isso importaria em limitar o direito a ampla defesa e ao contraditório. APELO PARCIALMENTE PROVIDO, por maioria (Apelação Cível nº 70025753880, Décima Sexta Câmara Cível, Tribunal de Justiça do RS, Relator: Marco Aurélio dos Santos Caminha, Julgado em 17/12/2009).

[139] Essa alteração vem ao encontro da decisão do Tribunal de São Paulo, conforme a ementa: LOCAÇÃO – AÇÃO RENOVATÓRIA E DESPEJO POR DENÚNCIA VAZIA JULGADAS CONJUNTAMENTE – APELAÇÃO RECEBIDA NO EFEITO DEVOLUTIVO – RECURSO IMPROVIDO. Deve a apelação, em ações renovatória e de despejo por denúncia imotivada, ser recebida apenas no efeito devolutivo, tal como preceitua o inciso V do art. 58 da Lei de Locação. (AI nº 1.298.511-0/8, 29ª CC, Rel. Des. Luis de Carvalho, j. 02/09/2009).

Conclusão

Com as alterações trazidas pela Lei n. 12.112/09 surgiram inúmeras notícias na mídia no sentido de que a nova lei "agilizará o despejo de locatários inadimplentes e permitirá aluguel sem fiador, reaquecendo o mercado e ampliando a oferta de aluguel".

Entretanto, é preciso entender que essa nova lei não pode ser vista como solução na relação entre locador e locatário e, tampouco, servirá para solucionar o grande problema da inadimplência dos locativos.

Alguns aspectos dessa lei merecem destaque. Primeiro, deve-se ter cautela ao afirmar que a nova lei dispensará qualquer modalidade de garantia locatícia, e nem se deve acreditar que a dispensa de um fiador será muito mais interessante para o locador, apenas porque a lei permite, neste caso, a ação de despejo com possibilidade de liminar para a desocupação em 15 dias, desde que prestada, pelo locador, uma caução de três meses de aluguel.

Para abrir-se mão de uma garantia que assegure ao locador o recebimento do seu crédito é preciso analisar-se com muito cuidado a pessoa do locatário, seu cadastro, sua vida pregressa, a fim de apurar sua idoneidade.

Segundo, a lei prevê inúmeras possibilidades de o fiador exonerar-se das suas responsabilidades, agindo em consonância com a atual jurisprudência, pondo fim à discussão até então existente acerca dessa possibilidade.

Em terceiro, muito bem andou a novel legislação ao incluir o fiador como parte na ação despejatória, juntamente com o locatário, confirmando o teor da Súmula n. 268 do Superior Tribunal de Justiça.

O quarto destaque é no sentido de se fazer um alerta aos locatários não residenciais, os quais somente estarão protegidos enquanto o contrato de locação vigorar por prazo determinado e se forem fiéis cumpridores das suas obrigações, na medida em que a nova lei foi mais severa ao facilitar a retomada do imóvel pelo locador.

Por derradeiro, não há dúvida de que a Lei 12.112/09 realmente reduzirá os meandros de várias ações despejatórias, mas não podemos olvidar a morosidade de um processo judicial. Caso contrário, as previsões da nova Lei se tornarão utopias, não realidades!!!

Referências

CAHALI, Yussef Said. *Prescrição e Decadência*. São Paulo: RT, 2008.

CAPANEMA DE SOUZA, Sylvio. *A Lei do Inquilinato Comentada*. 5. ed. Rio de Janeiro: GZ, 2009, p. 79.

DINIZ, Maria Helena. *Curso de Direito Civil Brasileiro*. 1º volume: teoria geral do direito civil. 24. ed. rev. e atual. de acordo com a reforma do CPC. São Paulo: Saraiva, 2007.

GAGLIANO, Pablo Stolze. *Novo Curso de Direito Civil*, vol. IV: contratos, tomo 2: contratos em espécie. Pablo Stolze Gagliano, Rodolfo Pamplona Filho – 2 ed., São Paulo: Saraiva, 2009.

GONÇALVES, Carlos Roberto. *Direito Civil Brasileiro*, volume III: contratos e atos unilaterais. São Paulo: Saraiva, 2004.

——. *Direito Civil Brasileiro*, volume III: contratos e atos unilaterais. 6 ed., São Paulo: Saraiva, 2009.

MARMITT, Arnaldo. *Fiança Civil e Comercial*. Rio de Janeiro: Aide, 1989.

MIRANDA, Pontes de. *Tratado de Direito Privado. Parte Especial*. Tomo XLIV, 2. ed. Rio de Janeiro: Borsoi, 1963.

RODRIGUES, Dirceu A. Victor. *Dicionário de Brocardos Jurídicos*. 6 ed. São Paulo: Sugestões Jurídicas, 1970.

SANTOS, Gildo dos. *Locação e Despejo*: comentários à Lei n. 8.245/91. São Paulo: RT, 1992.

APÊNDICE
Quadro sinótico das principais ações despejatórias

Espécies	Notificação	Liminar (c/ caução 3 meses de aluguel) Art. 59, § 1º	Execução provisória da sentença – caução de 6 a 12 meses – art. 64
1. **Falta de Pagamento** – (cumulado ou não com a cobrança) – *contrato sem garantia* – art. 59, § 1º, inc. IX	não	Sim, cf. Inc. IX	não
2. **Falta de Pagamento** – (cumulado ou não com a cobrança) – *contrato com garantia* – art. 62	não	não	não
3. **Denúncia Vazia** – *Locação não residencial* – s/prorrogação – art. 56	não	Sim, cf. Inc. VIII	não
4. **Denúncia Vazia** – *locação não residencial* – c/prorrogação – art. 57	Sim – 30 dias (p/sair)	Sim, ver Inc. VIII (se proposta a ação em até 30 dias do cumprimento da notificação)	não
5. **Denúncia Vazia** – *locação* **residencial** *com contrato escrito c/ prazo determinado = ou superior a 30 meses* – s/prorrogação – art. 46	não	não	c/caução
6. **Denúncia Vazia** – *locação* **residencial** *com contrato escrito c/ prazo determinado = ou superior a 30 meses* – c/ prorrogação – art. 46 § 2º	Sim – 30 dias	não	c/caução
7. **Denúncia Cheia** – *locação* **residencial** *com contrato verbal ou escrito por prazo determinado* – *inferior 30 meses* – art. 47, incs. III e IV – prazo indeterminado	não	não	c/caução
8. **locação p/temporada** – art. 50 – s/prorrogação	não	Sim, cf. inc. III	não
9. **Infração legal e ou contratual – Falta de apresentação de nova garantia** – art. 40, parágrafo único	Sim – 30 dias (p/apresentar garantia)	Sim, cf. inc. VII	não

Anexo A – Projeto de Lei nº 140/2009

Altera a Lei nº 8.245, de 18 outubro de 1991, que dispõe sobre as locações de imóveis urbanos e os procedimentos pertinentes.

O CONGRESSO NACIONAL decreta:

Art. 1º Esta Lei introduz alteração na Lei nº 8.245, de 18 de outubro de 1991, que dispõe sobre as locações de imóveis urbanos.

Art. 2º A Lei nº 8.245, de 18 de outubro de 1991, passa a vigorar com as seguintes alterações:

"Art. 4º Durante o prazo estipulado para a duração do contrato, não poderá o locador reaver o imóvel alugado. O locatário, todavia, poderá devolvê-lo, pagando a multa pactuada, proporcionalmente ao período de cumprimento do contrato, ou, na sua falta, a que for judicialmente estipulada.
[...]"

"Art. 12. Em casos de separação de fato, separação judicial, divórcio ou dissolução da união estável, a locação residencial prosseguirá automaticamente com o cônjuge ou companheiro que permanecer no imóvel.

§ 1º Nas hipóteses previstas neste artigo e no art. 11, a sub-rogação será comunicada por escrito ao locador e ao fiador, se esta for a modalidade de garantia locatícia.

§ 2º O fiador poderá exonerar-se das suas responsabilidades no prazo de 30 (trinta) dias contados do recebimento da comunicação oferecida pelo sub-rogado, ficando responsável pelos efeitos da fiança durante 120(cento e vinte) dias após a notificação ao locador."

"Art. 13 [...]
[...]

§ 3º Nas locações não residenciais, equipara-se à cessão da locação qualquer negócio jurídico que importe na transferência do controle societário do locatário pessoa jurídica."

"Art. 39. Salvo disposição contratual em contrário, qualquer das garantias da locação se estende até a efetiva devolução do imóvel, ainda que prorrogada a locação por prazo indeterminado, por força desta Lei."

"Art. 40 [...]
[...]
II – ausência, interdição, recuperação judicial, falência ou insolvência do fiador, declaradas judicialmente;
[...]
X – prorrogação da locação por prazo indeterminado uma vez notificado o locador pelo fiador de sua intenção de desoneração, ficando obrigado por todos os efeitos da fiança, durante 120 (cento e vinte) dias após a notificação ao locador.
Parágrafo único. O locador poderá notificar o locatário para apresentar nova garantia locatícia no prazo de 30 (trinta) dias, sob pena de desfazimento da locação."

"Art. 52 [...]
[...]
§ 3º O locatário terá direito a indenização para ressarcimento dos prejuízos e dos lucros cessantes que tiver que arcar com mudança, perda do lugar e desvalorização do fundo de comércio se o locador, no prazo de 3 (três) meses da entrega do imóvel, não der o destino alegado ou não iniciar as obras determinadas pelo poder público ou que declarou pretender realizar."

"Art. 59 [...]
§ 1º [...]
[...]
VI – o disposto no inciso IV do art. 9º, havendo a necessidade de se produzir reparações urgentes no imóvel, determinadas pelo poder público, que não possam ser normalmente executadas com a permanência do locatário, ou, podendo, ele se recuse a consenti-las;
VII – o término do prazo notificatório previsto no parágrafo único do art. 40, sem apresentação de nova garantia apta a manter a segurança inaugural do contrato;
VIII – o término do prazo da locação não residencial, tendo sido proposta a ação em até 30 (trinta) dias do termo ou do cumprimento de notificação comunicando o intento de retomada;

IX – a falta de pagamento de aluguel e acessórios da locação no vencimento, estando o contrato desprovido de qualquer das garantias previstas no art. 37, por não ter sido contratada ou em caso de extinção ou pedido de exoneração dela, independentemente de motivo.
[...]
§ 3º No caso do inciso IX do § 1º deste artigo, poderá o locatário evitar a rescisão da locação e elidir a liminar de desocupação se, dentro dos 15 (quinze) dias concedidos para a desocupação do imóvel e independentemente de cálculo, efetuar depósito judicial que contemple a totalidade dos valores devidos, na forma prevista no inciso II do art. 62."

"Art. 62. Nas ações de despejo fundadas na falta de pagamento de aluguel e acessórios da locação, de aluguel provisório, de diferenças de aluguéis, ou somente de quaisquer dos acessórios da locação, observar-se-á o seguinte:
I – o pedido de rescisão da locação poderá ser cumulado com o pedido de cobrança dos aluguéis e acessórios da locação; nesta hipótese, citar-se-á o locatário para responder ao pedido de rescisão e o locatário e os fiadores para responderem ao pedido de cobrança, devendo ser apresentado, com a inicial, cálculo discriminado do valor do débito;
II – o locatário e o fiador poderão evitar a rescisão da locação efetuando, no prazo de 15 (quinze) dias, contados da citação, o pagamento do débito atualizado, independentemente de cálculo e mediante depósito judicial, incluídos:
[...]
III – efetuada a purga da mora, se o locador alegar que a oferta não é integral, justificando a diferença, o locatário poderá complementar o depósito no prazo de 10 (dez) dias, cuja intimação poderá ser dirigida ao locatário ou diretamente ao patrono deste, por carta ou publicação no órgão oficial, a requerimento do locador;
IV – não sendo integralmente complementado o depósito, o pedido de rescisão prosseguirá pela diferença, podendo o locador levantar a quantia depositada;
[...]
Parágrafo único. Não se admitirá a emenda da mora se o locatário já houver utilizado essa faculdade nos 24 (vinte e quatro) meses imediatamente anteriores à propositura da ação."

"Art. 63. Julgada procedente a ação de despejo, o juiz determinará a expedição de mandado de despejo, que conterá o prazo de 30 (trinta) dias para a desocupação voluntária, ressalvado o disposto nos parágrafos seguintes.

§ 1º [...]
[...]
b) o despejo houver sido decretado com fundamento no art. 9º ou no § 2º do art. 46.
[...]"
"Art. 64. Salvo nas hipóteses das ações fundadas no art. 9º, a execução provisória do despejo dependerá de caução não inferior a 6 (seis) meses nem superior a 12 (doze) meses do aluguel, atualizado até a data da prestação da caução.
[...]"
"Art. 68. Na ação revisional de aluguel, que terá o rito sumário, observar-se-á o seguinte:
[...]
II – ao designar a audiência de conciliação, o juiz, se houver pedido e com base nos elementos fornecidos tanto pelo locador como pelo locatário, ou nos que indicar, fixará aluguel provisório, que será devido desde a citação, nos seguintes moldes:
a) em ação proposta pelo locador, o aluguel provisório não poderá ser excedente a 80% (oitenta por cento) do pedido;
b) em ação proposta pelo locatário, o aluguel provisório não poderá ser inferior a 80% (oitenta por cento) do aluguel vigente;
[...]
IV – na audiência de conciliação, apresentada a contestação, que deverá conter contraproposta se houver discordância quanto ao valor pretendido, o juiz tentará a conciliação e, não sendo esta possível, determinará a realização de perícia, se necessária, designando, desde logo, audiência de instrução e julgamento;
V – o pedido de revisão previsto no inciso III deste artigo interrompe o prazo para interposição de recurso contra a decisão que fixar o aluguel provisório.
[...]"
"Art. 71 [...]
[...]
V – indicação do fiador quando houver no contrato a renovar e, quando não for o mesmo, com indicação do nome ou denominação completa, número de sua inscrição no Ministério da Fazenda, endereço e, tratando-se de pessoa natural, a nacionalidade, o estado civil, a profissão e o número da carteira de identidade, comprovando, desde logo, mesmo que não haja alteração do fiador, a atual idoneidade financeira;
[...]"

"Art. 74. Não sendo renovada a locação, o juiz determinará a expedição de mandado de despejo, que conterá o prazo de 30 (trinta) dias para a desocupação voluntária, se houver pedido na contestação.

§ 1º Conceder-se-á liminar para desocupação em 15 (quinze) dias, contados da intimação do locatário, por si ou por seu advogado, quando houver, na contestação, pedido de retomada fundado em melhor proposta de terceiro.

§ 2º A desocupação liminar somente será indeferida se:
I – a proposta de terceiro não atender aos requisitos previstos no § 2º do art. 72;
II – o locatário aceitar, em réplica, as mesmas condições ofertadas pelo terceiro.

§ 3º A execução provisória da retomada fica condicionada à prestação de caução no valor não inferior a 6 (seis) meses nem superior a 12 (doze) meses do aluguel, atualizado até a data da prestação da caução."

"Art. 75. Sendo executada provisoriamente a decisão ou sentença que conceder a retomada do imóvel, o locatário terá direito a reclamar, em ação própria, indenização por perdas e danos, caso a ação renovatória venha a ser julgada procedente ao final da demanda, vedado, em qualquer hipótese, o retorno do locatário ao imóvel."

Art. 3º Esta Lei entra em vigor na data de sua publicação.

CÂMARA DOS DEPUTADOS, de julho de 2009.

Anexo B
Lei nº 12.112, de 9 de dezembro de 2009

Altera a Lei nº 8.245, de 18 de outubro de 1991, para aperfeiçoar as regras e procedimentos sobre locação de imóvel urbano.

O PRESIDENTE DA REPÚBLICA Faço saber que o Congresso Nacional decreta e eu sanciono a seguinte Lei:

Art. 1º Esta Lei introduz alteração na Lei nº 8.245, de 18 de outubro de 1991, que dispõe sobre as locações e imóveis urbanos.

Art. 2º A Lei nº 8.245, de 18 de outubro de 1991, passa a vigorar com as seguintes alterações:

"Art. 4º Durante o prazo estipulado para a duração do contrato, não poderá o locador reaver o imóvel alugado. O locatário, todavia, poderá devolvê-lo, pagando a multa pactuada, proporcionalmente ao período de cumprimento do contrato, ou, na sua falta, a que for judicialmente estipulada. [...]"

"Art. 12. Em casos de separação de fato, separação judicial, divórcio ou dissolução da união estável, a locação residencial prosseguirá automaticamente com o cônjuge ou companheiro que permanecer no imóvel.

§ 1º Nas hipóteses previstas neste artigo e no art. 11, a sub-rogação será comunicada por escrito ao locador e ao fiador, se esta for a modalidade de garantia locatícia.

§ 2º O fiador poderá exonerar-se das suas responsabilidades no prazo de 30 (trinta) dias contado do recebimento da comunicação oferecida pelo sub-rogado, ficando responsável pelos efeitos da fiança durante 120 (cento e vinte) dias após a notificação ao locador."

"Art. 13. [...]
[...]
§ 3º (VETADO)"

"Art. 39. Salvo disposição contratual em contrário, qualquer das garantias da locação se estende até a efetiva devolução do imóvel, ainda que prorrogada a locação por prazo indeterminado, por força desta Lei."

"Art. 40. [...]
[...]
II – ausência, interdição, recuperação judicial, falência ou insolvência do fiador, declaradas judicialmente;
[...]
X – prorrogação da locação por prazo indeterminado uma vez notificado o locador pelo fiador de sua intenção de desoneração, ficando obrigado por todos os efeitos da fiança, durante 120 (cento e vinte) dias após a notificação ao locador.
Parágrafo único. O locador poderá notificar o locatário para apresentar nova garantia locatícia no prazo de 30 (trinta) dias, sob pena de desfazimento da locação."

"Art. 52. [...]
[...]
§ 3º (VETADO)"

"Art. 59. [...]
§ 1º [...]
[...]
VI – o disposto no inciso IV do art. 9º, havendo a necessidade de se produzir reparações urgentes no imóvel, determinadas pelo poder público, que não possam ser normalmente executadas com a permanência do locatário, ou, podendo, ele se recuse a consenti-las;
VII – o término do prazo notificatório previsto no parágrafo único do art. 40, sem apresentação de nova garantia apta a manter a segurança inaugural do contrato;
VIII – o término do prazo da locação não residencial, tendo sido proposta a ação em até 30 (trinta) dias do termo ou do cumprimento de notificação comunicando o intento de retomada;
IX – a falta de pagamento de aluguel e acessórios da locação no vencimento, estando o contrato desprovido de qualquer das garantias previstas no art. 37, por não ter sido contratada ou em caso de extinção ou pedido de exoneração dela, independentemente de motivo.
[...]
§ 3º No caso do inciso IX do § 1º deste artigo, poderá o locatário evitar a rescisão da locação e elidir a liminar de desocupação se, dentro dos 15 (quinze) dias concedidos para a desocupação do imóvel e independentemente de cálculo, efetuar depósito judicial que contemple a totalidade dos valores devidos, na forma prevista no inciso II do art. 62."

"Art. 62. Nas ações de despejo fundadas na falta de pagamento de aluguel e acessórios da locação, de aluguel provisório, de diferenças de

aluguéis, ou somente de quaisquer dos acessórios da locação, observar-se-á o seguinte:
I – o pedido de rescisão da locação poderá ser cumulado com o pedido de cobrança dos aluguéis e acessórios da locação; nesta hipótese, citar-se-á o locatário para responder ao pedido de rescisão e o locatário e os fiadores para responderem ao pedido de cobrança, devendo ser apresentado, com a inicial, cálculo discriminado do valor do débito;
II – o locatário e o fiador poderão evitar a rescisão da locação efetuando, no prazo de 15 (quinze) dias, contado da citação, o pagamento do débito atualizado, independentemente de cálculo e mediante depósito judicial, incluídos:
[...]
III – efetuada a purga da mora, se o locador alegar que a oferta não é integral, justificando a diferença, o locatário poderá complementar o depósito no prazo de 10 (dez) dias, contado da intimação, que poderá ser dirigida ao locatário ou diretamente ao patrono deste, por carta ou publicação no órgão oficial, a requerimento do locador;
IV – não sendo integralmente complementado o depósito, o pedido de rescisão prosseguirá pela diferença, podendo o locador levantar a quantia depositada;
[...]
Parágrafo único. Não se admitirá a emenda da mora se o locatário já houver utilizado essa faculdade nos 24 (vinte e quatro) meses imediatamente anteriores à propositura da ação."
"Art. 63. Julgada procedente a ação de despejo, o juiz determinará a expedição de mandado de despejo, que conterá o prazo de 30 (trinta) dias para a desocupação voluntária, ressalvado o disposto nos parágrafos seguintes.
§ 1º [...]
[...]
b) o despejo houver sido decretado com fundamento no art. 9º ou no § 2º do art. 46.
[...]"
"Art. 64. Salvo nas hipóteses das ações fundadas no art. 9º, a execução provisória do despejo dependerá de caução não inferior a 6 (seis) meses nem superior a 12 (doze) meses do aluguel, atualizado até a data da prestação da caução.
[...]"
"Art. 68. Na ação revisional de aluguel, que terá o rito sumário, observar-se-á o seguinte:
[...].

II – ao designar a audiência de conciliação, o juiz, se houver pedido e com base nos elementos fornecidos tanto pelo locador como pelo locatário, ou nos que indicar, fixará aluguel provisório, que será devido desde a citação, nos seguintes moldes:
a) em ação proposta pelo locador, o aluguel provisório não poderá ser excedente a 80% (oitenta por cento) do pedido;
b) em ação proposta pelo locatário, o aluguel provisório não poderá ser inferior a 80% (oitenta por cento) do aluguel vigente;
[...]
IV – na audiência de conciliação, apresentada a contestação, que deverá conter contraproposta se houver discordância quanto ao valor pretendido, o juiz tentará a conciliação e, não sendo esta possível, determinará a realização de perícia, se necessária, designando, desde logo, audiência de instrução e julgamento;
V – o pedido de revisão previsto no inciso III deste artigo interrompe o prazo para interposição de recurso contra a decisão que fixar o aluguel provisório.
[...]"
"Art. 71. [...]
[...]
V – indicação do fiador quando houver no contrato a renovar e, quando não for o mesmo, com indicação do nome ou denominação completa, número de sua inscrição no Ministério da Fazenda, endereço e, tratando-se de pessoa natural, a nacionalidade, o estado civil, a profissão e o número da carteira de identidade, comprovando, desde logo, mesmo que não haja alteração do fiador, a atual idoneidade financeira;
[...]"
"Art. 74. Não sendo renovada a locação, o juiz determinará a expedição de mandado de despejo, que conterá o prazo de 30 (trinta) dias para a desocupação voluntária, se houver pedido na contestação.
§ 1º (VETADO)
§ 2º (VETADO)
§ 3º (VETADO)"
"Art. 75. (VETADO)."
Art. 3º (VETADO)

Brasília, 9 de dezembro de 2009; 188º da Independência e 121º da República.

LUIZ INÁCIO LULA DA SILVA
Tarso Genro, Guido Mantega, Miguel Jorge

Anexo C
Lei do Inquilinato nº 8.245/91

Dispõe sobre as locações dos imóveis urbanos e os procedimentos a elas pertinentes.

O PRESIDENTE DA REPÚBLICA Faço saber que o Congresso Nacional decreta e eu sanciono a seguinte lei:

TÍTULO I – Da Locação
CAPÍTULO I – Disposições Gerais
SEÇÃO I – Da locação em geral

Art. 1º A locação de imóvel urbano regula-se pelo disposto nesta lei:
Parágrafo único. Continuam regulados pelo Código Civil e pelas leis especiais:
a) as locações:
1. de imóveis de propriedade da União, dos Estados e dos Municípios, de suas autarquias e fundações públicas;
2. de vagas autônomas de garagem ou de espaços para estacionamento de veículos;
3. de espaços destinados à publicidade;
4. em *apart*-hotéis, hotéis-residência ou equiparados, assim considerados aqueles que prestam serviços regulares a seus usuários e como tais sejam autorizados a funcionar;
b) o arrendamento mercantil, em qualquer de suas modalidades.

Art. 2º Havendo mais de um locador ou mais de um locatário, entende-se que são solidários se o contrário não se estipulou.
Parágrafo único. Os ocupantes de habitações coletivas multifamiliares presumem-se locatários ou sublocatários.

Art. 3º O contrato de locação pode ser ajustado por qualquer prazo, dependendo de vênia conjugal, se igual ou superior a dez anos.
Parágrafo único. Ausente a vênia conjugal, o cônjuge não estará obrigado a observar o prazo excedente.

Art. 4º Durante o prazo estipulado para a duração do contrato, não poderá o locador reaver o imóvel alugado. O locatário, todavia, poderá devolvê-lo, pagando a multa pactuada, proporcionalmente ao período de cumprimento do contrato, ou, na sua falta, a que for judicialmente estipulada. (Redação dada pela Lei nº 12.112, de 2009)

Parágrafo único. O locatário ficará dispensado da multa se a devolução do imóvel decorrer de transferência, pelo seu empregador, privado ou público, para prestar serviços em localidades diversas daquela do início do contrato, e se notificar, por escrito, o locador com prazo de, no mínimo, trinta dias de antecedência.

Art. 5º Seja qual for o fundamento do término da locação, a ação do locador para reaver o imóvel é a de despejo.

Parágrafo único. O disposto neste artigo não se aplica se a locação termina em decorrência de desapropriação, com a imissão do expropriante na posse do imóvel.

Art. 6º O locatário poderá denunciar a locação por prazo indeterminado mediante aviso por escrito ao locador, com antecedência mínima de trinta dias.

Parágrafo único. Na ausência do aviso, o locador poderá exigir quantia correspondente a um mês de aluguel e encargos, vigentes quando da resilição.

Art. 7º Nos casos de extinção de usufruto ou de fideicomisso, a locação celebrada pelo usufrutuário ou fiduciário poderá ser denunciada, com o prazo de trinta dias para a desocupação, salvo se tiver havido aquiescência escrita do nuproprietário ou do fideicomissário, ou se a propriedade estiver consolidada em mãos do usufrutuário ou do fiduciário.

Parágrafo único. A denúncia deverá ser exercitada no prazo de noventa dias contados da extinção do fideicomisso ou da averbação da extinção do usufruto, presumindo-se, após esse prazo, a concordância na manutenção da locação.

Art. 8º Se o imóvel for alienado durante a locação, o adquirente poderá denunciar o contrato, com o prazo de noventa dias para a desocupação, salvo se a locação for por tempo determinado e o contrato contiver cláusula de vigência em caso de alienação e estiver averbado junto à matrícula do imóvel.

§ 1º Idêntico direito terá o promissário comprador e o promissário cessionário, em caráter irrevogável, com imissão na posse do imóvel e título registrado junto à matrícula do mesmo.

§ 2º A denúncia deverá ser exercitada no prazo de noventa dias contados do registro da venda ou do compromisso, presumindo-se, após esse prazo, a concordância na manutenção da locação.

Art. 9º A locação também poderá ser desfeita:

I – por mútuo acordo;

II – em decorrência da prática de infração legal ou contratual;

III – em decorrência da falta de pagamento do aluguel e demais encargos;

IV – para a realização de reparações urgentes determinadas pelo Poder Público, que não possam ser normalmente executadas com a permanência do locatário no imóvel ou, podendo, ele se recuse a consenti-las.

Art. 10. Morrendo o locador, a locação transmite-se aos herdeiros.

Art. 11. Morrendo o locatário, ficarão sub-rogados nos seus direitos e obrigações:

I – nas locações com finalidade residencial, o cônjuge sobrevivente ou o companheiro e, sucessivamente, os herdeiros necessários e as pessoas que viviam na dependência econômica do *de cujus*, desde que residentes no imóvel;

II – nas locações com finalidade não residencial, o espólio e, se for o caso, seu sucessor no negócio.

Art. 12. Em casos de separação de fato, separação judicial, divórcio ou dissolução da união estável, a locação residencial prosseguirá automaticamente com o cônjuge ou companheiro que permanecer no imóvel. (Redação dada pela Lei nº 12.112, de 2009)

§ 1º Nas hipóteses previstas neste artigo e no art. 11, a sub-rogação será comunicada por escrito ao locador e ao fiador, se esta for a modalidade de garantia locatícia. (Incluído pela Lei nº 12.112, de 2009)

§ 2º O fiador poderá exonerar-se das suas responsabilidades no prazo de 30 (trinta) dias contado do recebimento da comunicação oferecida pelo sub--rogado, ficando responsável pelos efeitos da fiança durante 120 (cento e vinte) dias após a notificação ao locador. (Incluído pela Lei nº 12.112, de 2009)

Art. 13. A cessão da locação, a sublocação e o empréstimo do imóvel, total ou parcialmente, dependem do consentimento prévio e escrito do locador.

§ 1º Não se presume o consentimento pela simples demora do locador em manifestar formalmente a sua oposição.

§ 2º Desde que notificado por escrito pelo locatário, de ocorrência de uma das hipóteses deste artigo, o locador terá o prazo de trinta dias para manifestar formalmente a sua oposição.

§ 3º (VETADO) (Incluído pela Lei nº 12.112, de 2009)

SEÇÃO II -- Das sublocações

Art. 14. Aplicam-se às sublocações, no que couber, as disposições relativas às locações.

Art. 15. Rescindida ou finda a locação, qualquer que seja sua causa, resolvem-se as sublocações, assegurado o direito de indenização do sublocatário contra o sublocador.

Art. 16. O sublocatário responde subsidiariamente ao locador pela importância que dever ao sublocador, quando este for demandado e, ainda, pelos aluguéis que se vencerem durante a lide.

SEÇÃO III – Do aluguel

Art. 17. É livre a convenção do aluguel, vedada a sua estipulação em moeda estrangeira e a sua vinculação à variação cambial ou ao salário mínimo.

Parágrafo único. Nas locações residenciais serão observadas os critérios de reajustes previstos na legislação específica.

Art. 18. É lícito às partes fixar, de comum acordo, novo valor para o aluguel, bem como inserir ou modificar cláusula de reajuste.

Art. 19. Não havendo acordo, o locador ou locatário, após três anos de vigência do contrato ou do acordo anteriormente realizado, poderão pedir revisão judicial do aluguel, a fim de ajustá-lo ao preço de mercado.

Art. 20. Salvo as hipóteses do art. 42 e da locação para temporada, o locador não poderá exigir o pagamento antecipado do aluguel.

Art. 21. O aluguel da sublocação não poderá exceder o da locação; nas habitações coletivas multifamiliares, a soma dos aluguéis não poderá ser superior ao dobro do valor da locação.

Parágrafo único. O descumprimento deste artigo autoriza o sublocatário a reduzir o aluguel até os limites nele estabelecidos.

SEÇÃO IV – Dos deveres do locador e do locatário

Art. 22. O locador é obrigado a:

I – entregar ao locatário o imóvel alugado em estado de servir ao uso a que se destina;

II – garantir, durante o tempo da locação, o uso pacífico do imóvel locado;

III – manter, durante a locação, a forma e o destino do imóvel;

IV – responder pelos vícios ou defeitos anteriores à locação;

V – fornecer ao locatário, caso este solicite, descrição minuciosa do estado do imóvel, quando de sua entrega, com expressa referência aos eventuais defeitos existentes;

VI – fornecer ao locatário recibo discriminado das importâncias por este pagas, vedada a quitação genérica;

VII – pagar as taxas de administração imobiliária, se houver, e de intermediações, nestas compreendidas as despesas necessárias à aferição da idoneidade do pretendente ou de seu fiador;

VIII – pagar os impostos e taxas, e ainda o prêmio de seguro complementar contra fogo, que incidam ou venham a incidir sobre o imóvel, salvo disposição expressa em contrário no contrato;

IX – exibir ao locatário, quando solicitado, os comprovantes relativos às parcelas que estejam sendo exigidas;

X – pagar as despesas extraordinárias de condomínio.

Parágrafo único. Por despesas extraordinárias de condomínio se entendem aquelas que não se refiram aos gastos rotineiros de manutenção do edifício, especialmente:

a) obras de reformas ou acréscimos que interessem à estrutura integral do imóvel;

b) pintura das fachadas, empenas, poços de aeração e iluminação, bem como das esquadrias externas;

c) obras destinadas a repor as condições de habitabilidade do edifício;

d) indenizações trabalhistas e previdenciárias pela dispensa de empregados, ocorridas em data anterior ao início da locação;

e) instalação de equipamento de segurança e de incêndio, de telefonia, de intercomunicação, de esporte e de lazer;

f) despesas de decoração e paisagismo nas partes de uso comum;

g) constituição de fundo de reserva.

Art. 23. O locatário é obrigado a:

I – pagar pontualmente o aluguel e os encargos da locação, legal ou contratualmente exigíveis, no prazo estipulado ou, em sua falta, até o sexto dia útil do mês seguinte ao vencido, no imóvel locado, quando outro local não tiver sido indicado no contrato;

II – servir-se do imóvel para o uso convencionado ou presumido, compatível com a natureza deste e com o fim a que se destina, devendo tratá-lo com o mesmo cuidado como se fosse seu;

III – restituir o imóvel, finda a locação, no estado em que o recebeu, salvo as deteriorações decorrentes do seu uso normal;

IV – levar imediatamente ao conhecimento do locador o surgimento de qualquer dano ou defeito cuja reparação a este incumba, bem como as eventuais turbações de terceiros;

V – realizar a imediata reparação dos danos verificados no imóvel, ou nas suas instalações, provocadas por si, seus dependentes, familiares, visitantes ou prepostos;

VI – não modificar a forma interna ou externa do imóvel sem o consentimento prévio e por escrito do locador;

VII – entregar imediatamente ao locador os documentos de cobrança de tributos e encargos condominiais, bem como qualquer intimação, multa ou exigência de autoridade pública, ainda que dirigida a ele, locatário;
VIII – pagar as despesas de telefone e de consumo de força, luz e gás, água e esgoto;
IX – permitir a vistoria do imóvel pelo locador ou por seu mandatário, mediante combinação prévia de dia e hora, bem como admitir que seja o mesmo visitado e examinado por terceiros, na hipótese prevista no art. 27;
X – cumprir integralmente a convenção de condomínio e os regulamentos internos;
XI – pagar o prêmio do seguro de fiança;
XII – pagar as despesas ordinárias de condomínio.

§ 1º Por despesas ordinárias de condomínio se entendem as necessárias à administração respectiva, especialmente:
a) salários, encargos trabalhistas, contribuições previdenciárias e sociais dos empregados do condomínio;
b) consumo de água e esgoto, gás, luz e força das áreas de uso comum;
c) limpeza, conservação e pintura das instalações e dependências de uso comum;
d) manutenção e conservação das instalações e equipamentos hidráulicos, elétricos, mecânicos e de segurança, de uso comum;
e) manutenção e conservação das instalações e equipamentos de uso comum destinados à prática de esportes e lazer;
f) manutenção e conservação de elevadores, porteiro eletrônico e antenas coletivas;
g) pequenos reparos nas dependências e instalações elétricas e hidráulicas de uso comum;
h) rateios de saldo devedor, salvo se referentes a período anterior ao início da locação;
i) reposição do fundo de reserva, total ou parcialmente utilizado no custeio ou complementação das despesas referidas nas alíneas anteriores, salvo se referentes a período anterior ao início da locação.

§ 2º O locatário fica obrigado ao pagamento das despesas referidas no parágrafo anterior, desde que comprovadas a previsão orçamentária e o rateio mensal, podendo exigir a qualquer tempo a comprovação das mesmas.

§ 3º No edifício constituído por unidades imobiliárias autônomas, de propriedade da mesma pessoa, os locatários ficam obrigados ao pagamento das despesas referidas no § 1º deste artigo, desde que comprovadas.

Art. 24. Nos imóveis utilizados como habitação coletiva multifamiliar, os locatários ou sublocatários poderão depositar judicialmente o aluguel e encargos se a construção for considerada em condições precárias pelo Poder Público.

§ 1º O levantamento dos depósitos somente será deferido com a comunicação, pela autoridade pública, da regularização do imóvel.

§ 2º Os locatários ou sublocatários que deixarem o imóvel estarão desobrigados do aluguel durante a execução das obras necessárias à regularização.

§ 3º Os depósitos efetuados em juízo pelos locatários e sublocatários poderão ser levantados, mediante ordem judicial, para realização das obras ou serviços necessários à regularização do imóvel.

Art. 25. Atribuída ao locatário a responsabilidade pelo pagamento dos tributos, encargos e despesas ordinárias de condomínio, o locador poderá cobrar tais verbas juntamente com o aluguel do mês a que se refiram.

Parágrafo único. Se o locador antecipar os pagamentos, a ele pertencerão as vantagens daí advindas, salvo se o locatário reembolsá-lo integralmente.

Art. 26. Necessitando o imóvel de reparos urgentes, cuja realização incumba ao locador, o locatário é obrigado a consenti-los.

Parágrafo único. Se os reparos durarem mais de dez dias, o locatário terá direito ao abatimento do aluguel, proporcional ao período excedente; se mais de trinta dias, poderá resilir o contrato.

SEÇÃO V – Do direito de preferência

Art. 27. No caso de venda, promessa de venda, cessão ou promessa de cessão de direitos ou dação em pagamento, o locatário tem preferência para adquirir o imóvel locado, em igualdade de condições com terceiros, devendo o locador dar-lhe conhecimento do negócio mediante notificação judicial, extrajudicial ou outro meio de ciência inequívoca.

Parágrafo único. A comunicação deverá conter todas as condições do negócio e, em especial, o preço, a forma de pagamento, a existência de ônus reais, bem como o local e horário em que pode ser examinada a documentação pertinente.

Art. 28. O direito de preferência do locatário caducará se não manifestada, de maneira inequívoca, sua aceitação integral à proposta, no prazo de trinta dias.

Art. 29. Ocorrendo aceitação da proposta, pelo locatário, a posterior desistência do negócio pelo locador acarreta, a este, responsabilidade pelos prejuízos ocasionados, inclusive lucros cessantes.

Art. 30. Estando o imóvel sublocado em sua totalidade, caberá a preferência ao sublocatário e, em seguida, ao locatário. Se forem vários os sublocatários, a preferência caberá a todos, em comum, ou a qualquer deles, se um só for o interessado.

Parágrafo único. Havendo pluralidade de pretendentes, caberá a preferência ao locatário mais antigo, e, se da mesma data, ao mais idoso.

Art. 31. Em se tratando de alienação de mais de uma unidade imobiliária, o direito de preferência incidirá sobre a totalidade dos bens objeto da alienação.

Art. 32. O direito de preferência não alcança os casos de perda da propriedade ou venda por decisão judicial, permuta, doação, integralização de capital, cisão, fusão e incorporação.

Parágrafo único. Nos contratos firmados a partir de 1º de outubro de 2001, o direito de preferência de que trata este artigo não alcançará também os casos de constituição da propriedade fiduciária e de perda da propriedade ou venda por quaisquer formas de realização de garantia, inclusive mediante leilão extrajudicial, devendo essa condição constar expressamente em cláusula contratual específica, destacando-se das demais por sua apresentação gráfica. (Incluído pela Lei nº 10.931, de 2004)

Art. 33. O locatário preterido no seu direito de preferência poderá reclamar do alienante as perdas e danos ou, depositando o preço e demais despesas do ato de transferência, haver para si o imóvel locado, se o requerer no prazo de seis meses, a contar do registro do ato no cartório de imóveis, desde que o contrato de locação esteja averbado pelo menos trinta dias antes da alienação junto à matrícula do imóvel.

Parágrafo único. A averbação far-se-á à vista de qualquer das vias do contrato de locação desde que subscrito também por duas testemunhas.

Art. 34. Havendo condomínio no imóvel, a preferência do condômino terá prioridade sobre a do locatário.

SEÇÃO VI – Das benfeitorias

Art. 35. Salvo expressa disposição contratual em contrário, as benfeitorias necessárias introduzidas pelo locatário, ainda que não autorizadas pelo locador, bem como as úteis, desde que autorizadas, serão indenizáveis e permitem o exercício do direito de retenção.

Art. 36. As benfeitorias voluptuárias não serão indenizáveis, podendo ser levantadas pelo locatário, finda a locação, desde que sua retirada não afete a estrutura e a substância do imóvel.

SEÇÃO VII – Das garantias locatícias

Art. 37. No contrato de locação, pode o locador exigir do locatário as seguintes modalidades de garantia:

I – caução;

II – fiança;
III – seguro de fiança locatícia.
IV – cessão fiduciária de quotas de fundo de investimento. (Incluído pela Lei nº 11.196, de 2005)
Parágrafo único. É vedada, sob pena de nulidade, mais de uma das modalidades de garantia num mesmo contrato de locação.
Art. 38. A caução poderá ser em bens móveis ou imóveis.
§ 1º A caução em bens móveis deverá ser registrada em cartório de títulos e documentos; a em bens imóveis deverá ser averbada à margem da respectiva matrícula.
§ 2º A caução em dinheiro, que não poderá exceder o equivalente a três meses de aluguel, será depositada em caderneta de poupança, autorizada, pelo Poder Público e por ele regulamentada, revertendo em benefício do locatário todas as vantagens dela decorrentes por ocasião do levantamento da soma respectiva.
§ 3º A caução em títulos e ações deverá ser substituída, no prazo de trinta dias, em caso de concordata, falência ou liquidação das sociedades emissoras.
Art. 39. Salvo disposição contratual em contrário, qualquer das garantias da locação se estende até a efetiva devolução do imóvel, ainda que prorrogada a locação por prazo indeterminado, por força desta Lei. (Redação dada pela Lei nº 12.112, de 2009)
Art. 40. O locador poderá exigir novo fiador ou a substituição da modalidade de garantia, nos seguintes casos:
I – morte do fiador;
II – ausência, interdição, recuperação judicial, falência ou insolvência do fiador, declaradas judicialmente; (Redação dada pela Lei nº 12.112, de 2009)
III – alienação ou gravação de todos os bens imóveis do fiador ou sua mudança de residência sem comunicação ao locador;
IV – exoneração do fiador;
V – prorrogação da locação por prazo indeterminado, sendo a fiança ajustada por prazo certo;
VI – desaparecimento dos bens móveis;
VII – desapropriação ou alienação do imóvel.
VIII – exoneração de garantia constituída por quotas de fundo de investimento; (Incluído pela Lei nº 11.196, de 2005)
IX – liquidação ou encerramento do fundo de investimento de que trata o inciso IV do art. 37 desta Lei. (Incluído pela Lei nº 11.196, de 2005)

X – prorrogação da locação por prazo indeterminado uma vez notificado o locador pelo fiador de sua intenção de desoneração, ficando obrigado por todos os efeitos da fiança, durante 120 (cento e vinte) dias após a notificação ao locador. (Incluído pela Lei nº 12.112, de 2009)

Parágrafo único. O locador poderá notificar o locatário para apresentar nova garantia locatícia no prazo de 30 (trinta) dias, sob pena de desfazimento da locação. (Incluído pela Lei nº 12.112, de 2009)

Art. 41. O seguro de fiança locatícia abrangerá a totalidade das obrigações do locatário.

Art. 42. Não estando a locação garantida por qualquer das modalidades, o locador poderá exigir do locatário o pagamento do aluguel e encargos até o sexto dia útil do mês vincendo.

SEÇÃO VIII – Das penalidades criminais e civis

Art. 43. Constitui contravenção penal, punível com prisão simples de cinco dias a seis meses ou multa de três a doze meses do valor do último aluguel atualizado, revertida em favor do locatário:

I – exigir, por motivo de locação ou sublocação, quantia ou valor além do aluguel e encargos permitidos;

II – exigir, por motivo de locação ou sublocação, mais de uma modalidade de garantia num mesmo contrato de locação;

III – cobrar antecipadamente o aluguel, salvo a hipótese do art. 42 e da locação para temporada.

Art. 44. Constitui crime de ação pública, punível com detenção de três meses a um ano, que poderá ser substituída pela prestação de serviços à comunidade:

I – recusar-se o locador ou sublocador, nas habitações coletivas multifamiliares, a fornecer recibo discriminado do aluguel e encargos;

II – deixar o retomante, dentro de cento e oitenta dias após a entrega do imóvel, no caso do inciso III do art. 47, de usá-lo para o fim declarado ou, usando-o, não o fizer pelo prazo mínimo de um ano;

III – não iniciar o proprietário, promissário comprador ou promissário cessionário, nos casos do inciso IV do art. 9º, inciso IV do art. 47, inciso I do art. 52 e inciso II do art. 53, a demolição ou a reparação do imóvel, dentro de sessenta dias contados de sua entrega;

IV – executar o despejo com inobservância do disposto no § 2º do art. 65.

Parágrafo único. Ocorrendo qualquer das hipóteses previstas neste artigo, poderá o prejudicado reclamar, em processo próprio, multa equivalente a um mínimo de doze e um máximo de vinte e quatro meses do valor do último aluguel atualizado ou do que esteja sendo cobrado do novo locatário, se realugado o imóvel.

SEÇÃO IX – Das nulidades

Art. 45. São nulas de pleno direito as cláusulas do contrato de locação que visem a elidir os objetivos da presente lei, notadamente as que proíbam a prorrogação prevista no art. 47, ou que afastem o direito à renovação, na hipótese do art. 51, ou que imponham obrigações pecuniárias para tanto.

CAPÍTULO II – Das Disposições Especiais
SEÇÃO I – Da locação residencial

Art. 46. Nas locações ajustadas por escrito e por prazo igual ou superior a trinta meses, a resolução do contrato ocorrerá findo o prazo estipulado, independentemente de notificação ou aviso.

§ 1º Findo o prazo ajustado, se o locatário continuar na posse do imóvel alugado por mais de trinta dias sem oposição do locador, presumir-se-á prorrogada a locação por prazo indeterminado, mantidas as demais cláusulas e condições do contrato.

§ 2º Ocorrendo a prorrogação, o locador poderá denunciar o contrato a qualquer tempo, concedido o prazo de trinta dias para desocupação.

Art. 47. Quando ajustada verbalmente ou por escrito e como prazo inferior a trinta meses, findo o prazo estabelecido, a locação prorroga-se automaticamente, por prazo indeterminado, somente podendo ser retomado o imóvel:

I – Nos casos do art. 9º;

II – em decorrência de extinção do contrato de trabalho, se a ocupação do imóvel pelo locatário relacionada com o seu emprego;

III – se for pedido para uso próprio, de seu cônjuge ou companheiro, ou para uso residencial de ascendente ou descendente que não disponha, assim como seu cônjuge ou companheiro, de imóvel residencial próprio;

IV – se for pedido para demolição e edificação licenciada ou para a realização de obras aprovadas pelo Poder Público, que aumentem a área construída, em, no mínimo, vinte por cento ou, se o imóvel for destinado a exploração de hotel ou pensão, em cinqüenta por cento;

V – se a vigência ininterrupta da locação ultrapassar cinco anos.

§ 1º Na hipótese do inciso III, a necessidade deverá ser judicialmente demonstrada, se:

a) O retomante, alegando necessidade de usar o imóvel, estiver ocupando, com a mesma finalidade, outro de sua propriedade situado nas mesma localidade ou, residindo ou utilizando imóvel alheio, já tiver retomado o imóvel anteriormente;

b) o ascendente ou descendente, beneficiário da retomada, residir em imóvel próprio.

§ 2º Nas hipóteses dos incisos III e IV, o retomante deverá comprovar ser proprietário, promissário comprador ou promissário cessionário, em caráter irrevogável, com imissão na posse do imóvel e título registrado junto à matrícula do mesmo.

SEÇÃO II – Das locação para temporada

Art. 48. Considera-se locação para temporada aquela destinada à residência temporária do locatário, para prática de lazer, realização de cursos, tratamento de saúde, feitura de obras em seu imóvel, e outros fatos que decorrem tão-somente de determinado tempo, e contratada por prazo não superior a noventa dias, esteja ou não mobiliado o imóvel.

Parágrafo único. No caso de a locação envolver imóvel mobiliado, constará do contrato, obrigatoriamente, a descrição dos móveis e utensílios que o guarnecem, bem como o estado em que se encontram.

Art. 49. O locador poderá receber de uma só vez e antecipadamente os aluguéis e encargos, bem como exigir qualquer das modalidades de garantia previstas no art. 37 para atender as demais obrigações do contrato.

Art. 50. Findo o prazo ajustado, se o locatário permanecer no imóvel sem oposição do locador por mais de trinta dias, presumir-se-á prorrogada a locação por tempo indeterminado, não mais sendo exigível o pagamento antecipado do aluguel e dos encargos.

Parágrafo único. Ocorrendo a prorrogação, o locador somente poderá denunciar o contrato após trinta meses de seu início ou nas hipóteses do art. 47.

SEÇÃO III – Da locação não residencial

Art. 51. Nas locações de imóveis destinados ao comércio, o locatário terá direito a renovação do contrato, por igual prazo, desde que, cumulativamente:

I – o contrato a renovar tenha sido celebrado por escrito e com prazo determinado;

II – o prazo mínimo do contrato a renovar ou a soma dos prazos ininterruptos dos contratos escritos seja de cinco anos;

III – o locatário esteja explorando seu comércio, no mesmo ramo, pelo prazo mínimo e ininterrupto de três anos.

§ 1º O direito assegurado neste artigo poderá ser exercido pelos cessionários ou sucessores da locação; no caso de sublocação total do imóvel, o direito a renovação somente poderá ser exercido pelo sublocatário.

§ 2º Quando o contrato autorizar que o locatário utilize o imóvel para as atividades de sociedade de que faça parte e que a esta passe a pertencer o fundo de comércio, o direito a renovação poderá ser exercido pelo locatário ou pela sociedade.

§ 3º Dissolvida a sociedade comercial por morte de um dos sócios, o sócio sobrevivente fica sub-rogado no direito a renovação, desde que continue no mesmo ramo.

§ 4º O direito a renovação do contrato estende-se às locações celebradas por indústrias e sociedades civis com fim lucrativo, regularmente constituídas, desde que ocorrentes os pressupostos previstos neste artigo.

§ 5º Do direito a renovação decai aquele que não propuser a ação no interregno de um ano, no máximo, até seis meses, no mínimo, anteriores à data da finalização do prazo do contrato em vigor.

Art. 52. O locador não estará obrigado a renovar o contrato se:

I – por determinação do Poder Público, tiver que realizar no imóvel obras que importarem na sua radical transformação; ou para fazer modificações de tal natureza que aumente o valor do negócio ou da propriedade;

II – o imóvel vier a ser utilizado por ele próprio ou para transferência de fundo de comércio existente há mais de um ano, sendo detentor da maioria do capital o locador, seu cônjuge, ascendente ou descendente.

§ 1º Na hipótese do inciso II, o imóvel não poderá ser destinado ao uso do mesmo ramo do locatário, salvo se a locação também envolvia o fundo de comércio, com as instalações e pertences.

§ 2º Nas locações de espaço em *shopping centers*, o locador não poderá recusar a renovação do contrato com fundamento no inciso II deste artigo.

§ 3º O locatário terá direito a indenização para ressarcimento dos prejuízos e dos lucros cessantes que tiver que arcar com mudança, perda do lugar e desvalorização do fundo de comércio, se a renovação não ocorrer em razão de proposta de terceiro, em melhores condições, ou se o locador, no prazo de três meses da entrega do imóvel, não der o destino alegado ou não iniciar as obras determinadas pelo Poder Público ou que declarou pretender realizar.

Art. 53. Nas locações de imóveis utilizados por hospitais, unidades sanitárias oficiais, asilos, estabelecimentos de saúde e de ensino autorizados e fiscalizados pelo Poder Público, bem como por entidades religiosas devidamente registradas, o contrato somente poderá ser rescindido. (Redação dada pela Lei nº 9.256, de 9.1.1996)

I – nas hipóteses do art. 9º;

II – se o proprietário, promissário comprador ou promissário cessionário, em caráter irrevogável e imitido na posse, com título registrado, que haja quitado o preço da promessa ou que, não o tendo feito, seja autorizado pelo proprietário, pedir o imóvel para demolição, edificação, licenciada ou reforma que venha a resultar em aumento mínimo de cinqüenta por cento da área útil.

Art. 54. Nas relações entre lojistas e empreendedores de *shopping center*, prevalecerão as condições livremente pactuadas nos contratos de locação respectivos e as disposições procedimentais previstas nesta lei.

§ 1º O empreendedor não poderá cobrar do locatário em *shopping center*:

a) as despesas referidas nas alíneas *a*, *b* e *d* do parágrafo único do art. 22; e

b) as despesas com obras ou substituições de equipamentos, que impliquem modificar o projeto ou o memorial descritivo da data do habite-se e obras de paisagismo nas partes de uso comum.

§ 2º As despesas cobradas do locatário devem ser previstas em orçamento, salvo casos de urgência ou força maior, devidamente demonstradas, podendo o locatário, a cada sessenta dias, por si ou entidade de classe exigir a comprovação das mesmas.

Art. 55. Considera-se locação não residencial quando o locatário for pessoa jurídica e o imóvel, destinar-se ao uso de seus titulares, diretores, sócios, gerentes, executivos ou empregados.

Art. 56. Nos demais casos de locação não residencial, o contrato por prazo determinado cessa, de pleno direito, findo o prazo estipulado, independentemente de notificação ou aviso.

Parágrafo único. Findo o prazo estipulado, se o locatário permanecer no imóvel por mais de trinta dias sem oposição do locador, presumir-se-á prorrogada a locação nas condições ajustadas, mas sem prazo determinado.

Art. 57. O contrato de locação por prazo indeterminado pode ser denunciado por escrito, pelo locador, concedidos ao locatário trinta dias para a desocupação.

TÍTULO II – Dos Procedimentos
CAPÍTULO I – Das Disposições Gerais

Art. 58. Ressalvados os casos previstos no parágrafo único do art. 1º, nas ações de despejo, consignação em pagamento de aluguel e acessório da locação, revisionais de aluguel e renovatórias de locação, observar-se-á o seguinte:

I – os processos tramitam durante as férias forenses e não se suspendem pela superveniência delas;

II – é competente para conhecer e julgar tais ações o foro do lugar da situação do imóvel, salvo se outro houver sido eleito no contrato;

III – o valor da causa corresponderá a doze meses de aluguel, ou, na hipótese do inciso II do art. 47, a três salários vigentes por ocasião do ajuizamento;

IV – desde que autorizado no contrato, a citação, intimação ou notificação far-se-á mediante correspondência com aviso de recebimento, ou, tratando-se de pessoa jurídica ou firma individual, também mediante telex ou *fac-símile*, ou, ainda, sendo necessário, pelas demais formas previstas no Código de Processo Civil;

V – os recursos interpostos contra as sentenças terão efeito somente devolutivo.

CAPÍTULO II – Das Ações de Despejo

Art. 59. Com as modificações constantes deste capítulo, as ações de despejo terão o rito ordinário.

§ 1º Conceder-se-á liminar para desocupação em quinze dias, independentemente da audiência da parte contrária e desde que prestada a caução no valor equivalente a três meses de aluguel, nas ações que tiverem por fundamento exclusivo:

I – o descumprimento do mútuo acordo (art. 9º, inciso I), celebrado por escrito e assinado pelas partes e por duas testemunhas, no qual tenha sido ajustado o prazo mínimo de seis meses para desocupação, contado da assinatura do instrumento;

II – o disposto no inciso II do art. 47, havendo prova escrita da rescisão do contrato de trabalho ou sendo ela demonstrada em audiência prévia;

III – o término do prazo da locação para temporada, tendo sido proposta a ação de despejo em até trinta dias após o vencimento do contrato;

IV – a morte do locatário sem deixar sucessor legítimo na locação, de acordo com o referido no inciso I do art. 11, permanecendo no imóvel pessoas não autorizadas por lei;

V – a permanência do sublocatário no imóvel, extinta a locação, celebrada com o locatário.

VI – o disposto no inciso IV do art. 9º, havendo a necessidade de se produzir reparações urgentes no imóvel, determinadas pelo poder público, que não possam ser normalmente executadas com a permanência do locatário, ou, podendo, ele se recuse a consenti-las; (Incluído pela Lei nº 12.112, de 2009)

VII – o término do prazo notificatório previsto no parágrafo único do art. 40, sem apresentação de nova garantia apta a manter a segurança inaugural do contrato; (Incluído pela Lei nº 12.112, de 2009)

VIII – o término do prazo da locação não residencial, tendo sido proposta a ação em até 30 (trinta) dias do termo ou do cumprimento de notificação comunicando o intento de retomada; (Incluído pela Lei nº 12.112, de 2009)

IX – a falta de pagamento de aluguel e acessórios da locação no vencimento, estando o contrato desprovido de qualquer das garantias previstas no art. 37, por não ter sido contratada ou em caso de extinção ou pedido de exoneração dela, independentemente de motivo. (Incluído pela Lei nº 12.112, de 2009)

§ 2º Qualquer que seja o fundamento da ação dar-e-á ciência do pedido aos sublocatários, que poderão intervir no processo como assistentes.

§ 3º No caso do inciso IX do § 1º deste artigo, poderá o locatário evitar a rescisão da locação e elidir a liminar de desocupação se, dentro dos 15 (quinze) dias concedidos para a desocupação do imóvel e independentemente de cálculo, efetuar depósito judicial que contemple a totalidade dos valores devidos, na forma prevista no inciso II do art. 62. (Incluído pela Lei nº 12.112, de 2009)

Art. 60. Nas ações de despejo fundadas no inciso IV do art. 9º, inciso IV do art. 47 e inciso II do art. 53, a petição inicial deverá ser instruída com prova da propriedade do imóvel ou do compromisso registrado.

Art. 61. Nas ações fundadas no § 2º do art. 46 e nos incisos III e IV do art. 47, se o locatário, no prazo da contestação, manifestar sua concordância com a desocupação do imóvel, o juiz acolherá o pedido fixando prazo de seis meses para a desocupação, contados da citação, impondo ao vencido a responsabilidade pelas custas e honorários advocatícios de vinte por cento sobre o valor dado à causa. Se a desocupação ocorrer dentro do prazo fixado, o réu ficará isento dessa responsabilidade; caso contrário, será expedido mandado de despejo.

Art. 62. Nas ações de despejo fundadas na falta de pagamento de aluguel e acessórios da locação, de aluguel provisório, de diferenças de aluguéis, ou somente de quaisquer dos acessórios da locação, observar-se-á o seguinte: (Redação dada pela Lei nº 12.112, de 2009)

I – o pedido de rescisão da locação poderá ser cumulado com o pedido de cobrança dos aluguéis e acessórios da locação; nesta hipótese, citar-se-á o locatário para responder ao pedido de rescisão e o locatário e os fiadores para responderem ao pedido de cobrança, devendo ser apresentado, com a inicial, cálculo discriminado do valor do débito; (Redação dada pela Lei nº 12.112, de 2009)

II – o locatário e o fiador poderão evitar a rescisão da locação efetuando, no prazo de 15 (quinze) dias, contado da citação, o pagamento do débito atualizado, independentemente de cálculo e mediante depósito judicial, incluídos: (Redação dada pela Lei nº 12.112, de 2009)

a) os aluguéis e acessórios da locação que vencerem até a sua efetivação;
b) as multas ou penalidades contratuais, quando exigíveis;
c) os juros de mora;
d) as custas e os honorários do advogado do locador, fixados em dez por cento sobre o montante devido, se do contrato não constar disposição diversa;
III – efetuada a purga da mora, se o locador alegar que a oferta não é integral, justificando a diferença, o locatário poderá complementar o depósito no prazo de 10 (dez) dias, contado da intimação, que poderá ser dirigida ao locatário ou diretamente ao patrono deste, por carta ou publicação no órgão oficial, a requerimento do locador; (Redação dada pela Lei nº 12.112, de 2009)
IV – não sendo integralmente complementado o depósito, o pedido de rescisão prosseguirá pela diferença, podendo o locador levantar a quantia depositada; (Redação dada pela Lei nº 12.112, de 2009)
V – os aluguéis que forem vencendo até a sentença deverão ser depositados à disposição do juízo, nos respectivos vencimentos, podendo o locador levantá-los desde que incontroversos;
VI – havendo cumulação dos pedidos de rescisão da locação e cobrança dos aluguéis, a execução desta pode ter início antes da desocupação do imóvel, caso ambos tenham sido acolhidos.
Parágrafo único. Não se admitirá a emenda da mora se o locatário já houver utilizado essa faculdade nos 24 (vinte e quatro) meses imediatamente anteriores à propositura da ação. (Redação dada pela Lei nº 12.112, de 2009)
Art. 63. Julgada procedente a ação de despejo, o juiz determinará a expedição de mandado de despejo, que conterá o prazo de 30 (trinta) dias para a desocupação voluntária, ressalvado o disposto nos parágrafos seguintes. (Redação dada pela Lei nº 12.112, de 2009)
§ 1º O prazo será de quinze dias se:
a) entre a citação e a sentença de primeira instância houverem decorrido mais de quatro meses; ou
b) o despejo houver sido decretado com fundamento no art. 9º ou no § 2º do art. 46. (Redação dada pela Lei nº 12.112, de 2009)
§ 2º Tratando-se de estabelecimento de ensino autorizado e fiscalizado pelo Poder Público, respeitado o prazo mínimo de seis meses e o máximo de um ano, o juiz disporá de modo que a desocupação coincida com o período de férias escolares.
§ 3º Tratando-se de hospitais, repartições públicas, unidades sanitárias oficiais, asilos, estabelecimentos de saúde e de ensino autorizados e fiscalizados pelo Poder Público, bem como por entidades religiosas devidamente registradas,

e o despejo for decretado com fundamento no inciso IV do art. 9º ou no inciso II do art. 53, o prazo será de um ano, exceto no caso em que entre a citação e a sentença de primeira instância houver decorrido mais de um ano, hipótese em que o prazo será de seis meses. (Redação dada pela Lei nº 9.256, de 9.1.1996)

§ 4º A sentença que decretar o despejo fixará o valor da caução para o caso de ser executada provisoriamente.

Art. 64. Salvo nas hipóteses das ações fundadas no art. 9º, a execução provisória do despejo dependerá de caução não inferior a 6 (seis) meses nem superior a 12 (doze) meses do aluguel, atualizado até a data da prestação da caução. (Redação dada pela Lei nº 9.256, de 9.1.1996)

§ 1º A caução poderá ser real ou fidejussória e será prestada nos autos da execução provisória.

§ 2º Ocorrendo a reforma da sentença ou da decisão que concedeu liminarmente o despejo, o valor da caução reverterá em favor do réu, como indenização mínima das perdas e danos, podendo este reclamar, em ação própria, a diferença pelo que a exceder.

Art. 65. Findo o prazo assinado para a desocupação, contado da data da notificação, será efetuado o despejo, se necessário com emprego de força, inclusive arrombamento.

§ 1º Os móveis e utensílios serão entregues à guarda de depositário, se não os quiser retirar o despejado.

§ 2º O despejo não poderá ser executado até o trigésimo dia seguinte ao do falecimento do cônjuge, ascendente, descendente ou irmão de qualquer das pessoas que habitem o imóvel.

Art. 66. Quando o imóvel for abandonado após ajuizada a ação, o locador poderá imitir-se na posse do imóvel.

CAPÍTULO III – Da Ação de Consignação de
Aluguel e Acessórios da Locação

Art. 67. Na ação que objetivar o pagamento dos aluguéis e acessórios da locação mediante consignação, será observado o seguinte:

I – a petição inicial, além dos requisitos exigidos pelo art. 282 do Código de Processo Civil, deverá especificar os aluguéis e acessórios da locação com indicação dos respectivos valores;

II – determinada a citação do réu, o autor será intimado a, no prazo de vinte e quatro horas, efetuar o depósito judicial da importância indicada na petição inicial, sob pena de ser extinto o processo;

III – o pedido envolverá a quitação das obrigações que vencerem durante a tramitação do feito e até ser prolatada a sentença de primeira instância, devendo o autor promover os depósitos nos respectivos vencimentos;

IV – não sendo oferecida a contestação, ou se o locador receber os valores depositados, o juiz acolherá o pedido, declarando quitadas as obrigações, condenando o réu ao pagamento das custas e honorários de vinte por cento do valor dos depósitos;

V – a contestação do locador, além da defesa de direito que possa caber, ficará adstrita, quanto à matéria de fato, a:
a) não ter havido recusa ou mora em receber a quantia devida;
b) ter sido justa a recusa;
c) não ter sido efetuado o depósito no prazo ou no lugar do pagamento;
d) não ter sido o depósito integral;

VI – além de contestar, o réu poderá, em reconvenção, pedir o despejo e a cobrança dos valores objeto da consignatória ou da diferença do depósito inicial, na hipótese de ter sido alegado não ser o mesmo integral;

VII – o autor poderá complementar o depósito inicial, no prazo de cinco dias contados da ciência do oferecimento da resposta, com acréscimo de dez por cento sobre o valor da diferença. Se tal ocorrer, o juiz declarará quitadas as obrigações, elidindo a rescisão da locação, mas imporá ao autor-reconvindo a responsabilidade pelas custas e honorários advocatícios de vinte por cento sobre o valor dos depósitos;

VIII – havendo, na reconvenção, cumulação dos pedidos de rescisão da locação e cobrança dos valores objeto da consignatória, a execução desta somente poderá ter início após obtida a desocupação do imóvel, caso ambos tenham sido acolhidos.

Parágrafo único. O réu poderá levantar a qualquer momento as importâncias depositadas sobre as quais não penda controvérsia.

CAPÍTULO IV – Da Ação Revisional de Aluguel
Art. 68. Na ação revisional de aluguel, que terá o rito sumário, observar-se-á o seguinte: (Redação dada pela Lei nº 9.256, de 9.1.1996)

I – além dos requisitos exigidos pelos arts. 276 e 282 do Código de Processo Civil, a petição inicial deverá indicar o valor do aluguel cuja fixação é pretendida;

II – ao designar a audiência de conciliação, o juiz, se houver pedido e com base nos elementos fornecidos tanto pelo locador como pelo locatário, ou nos que indicar, fixará aluguel provisório, que será devido desde a citação, nos seguintes moldes: (Redação dada pela Lei nº 12.112, de 2009)

a) em ação proposta pelo locador, o aluguel provisório não poderá ser excedente a 80% (oitenta por cento) do pedido; (Incluída pela Lei nº 12.112, de 2009)

b) em ação proposta pelo locatário, o aluguel provisório não poderá ser inferior a 80% (oitenta por cento) do aluguel vigente; (Incluída pela Lei nº 12.112, de 2009)

III – sem prejuízo da contestação e até a audiência, o réu poderá pedir seja revisto o aluguel provisório, fornecendo os elementos para tanto;

IV – na audiência de conciliação, apresentada a contestação, que deverá conter contraproposta se houver discordância quanto ao valor pretendido, o juiz tentará a conciliação e, não sendo esta possível, determinará a realização de perícia, se necessária, designando, desde logo, audiência de instrução e julgamento; (Redação dada pela Lei nº 12.112, de 2009)

V – o pedido de revisão previsto no inciso III deste artigo interrompe o prazo para interposição de recurso contra a decisão que fixar o aluguel provisório. (Incluído pela Lei nº 12.112, de 2009)

§ 1º Não caberá ação revisional na pendência de prazo para desocupação do imóvel (arts. 46, parágrafo 2º e 57), ou quando tenha sido este estipulado amigável ou judicialmente.

§ 2º No curso da ação de revisão, o aluguel provisório será reajustado na periodicidade pactuada ou na fixada em lei.

Art. 69. O aluguel fixado na sentença retroage à citação, e as diferenças devidas durante a ação de revisão, descontados os alugueres provisórios satisfeitos, serão pagas corrigidas, exigíveis a partir do trânsito em julgado da decisão que fixar o novo aluguel.

§ 1º Se pedido pelo locador, ou sublocador, a sentença poderá estabelecer periodicidade de reajustamento do aluguel diversa daquela prevista no contrato revisando, bem como adotar outro indexador para reajustamento do aluguel.

§ 2º A execução das diferenças será feita nos autos da ação de revisão.

Art. 70. Na ação de revisão do aluguel, o juiz poderá homologar acordo de desocupação, que será executado mediante expedição de mandado de despejo.

CAPÍTULO V – Da Ação Renovatória

Art. 71. Além dos demais requisitos exigidos no art. 282 do Código de Processo Civil, a petição inicial da ação renovatória deverá ser instruída com:

I – prova do preenchimento dos requisitos dos incisos I, II e III do art. 51;

II – prova do exato cumprimento do contrato em curso;

III – prova da quitação dos impostos e taxas que incidiram sobre o imóvel e cujo pagamento lhe incumbia;

IV – indicação clara e precisa das condições oferecidas para a renovação da locação;

V – indicação do fiador quando houver no contrato a renovar e, quando não for o mesmo, com indicação do nome ou denominação completa, número de sua inscrição no Ministério da Fazenda, endereço e, tratando-se de pessoa natural, a nacionalidade, o estado civil, a profissão e o número da carteira de identidade, comprovando, desde logo, mesmo que não haja alteração do fiador, a atual idoneidade financeira; (Redação dada pela Lei nº 12.112, de 2009)

VI – prova de que o fiador do contrato ou o que o substituir na renovação aceita os encargos da fiança, autorizado por seu cônjuge, se casado for;

VII – prova, quando for o caso, de ser cessionário ou sucessor, em virtude de título oponível ao proprietário.

Parágrafo único. Proposta a ação pelo sublocatário do imóvel ou de parte dele, serão citados o sublocador e o locador, como litisconsortes, salvo se, em virtude de locação originária ou renovada, o sublocador dispuser de prazo que admita renovar a sublocação; na primeira hipótese, procedente a ação, o proprietário ficará diretamente obrigado à renovação.

Art. 72. A contestação do locador, além da defesa de direito que possa caber, ficará adstrita, quanto à matéria de fato, ao seguinte:

I – não preencher o autor os requisitos estabelecidos nesta lei;

II – não atender, a proposta do locatário, o valor locativo real do imóvel na época da renovação, excluída a valorização trazida por aquele ao ponto ou lugar;

III – ter proposta de terceiro para a locação, em condições melhores;

IV – não estar obrigado a renovar a locação (incisos I e II do art. 52).

§ 1º No caso do inciso II, o locador deverá apresentar, em contraproposta, as condições de locação que repute compatíveis com o valor locativo real e atual do imóvel.

§ 2º No caso do inciso III, o locador deverá juntar prova documental da proposta do terceiro, subscrita por este e por duas testemunhas, com clara indicação do ramo a ser explorado, que não poderá ser o mesmo do locatário. Nessa hipótese, o locatário poderá, em réplica, aceitar tais condições para obter a renovação pretendida.

§ 3º No caso do inciso I do art. 52, a contestação deverá trazer prova da determinação do Poder Público ou relatório pormenorizado das obras a serem realizadas e da estimativa de valorização que sofrerá o imóvel, assinado por engenheiro devidamente habilitado.

§ 4º Na contestação, o locador, ou sublocador, poderá pedir, ainda, a fixação de aluguel provisório, para vigorar a partir do primeiro mês do prazo do contrato a ser renovado, não excedente a oitenta por cento do pedido, desde que apresentados elementos hábeis para aferição do justo valor do aluguel.

§ 5º Se pedido pelo locador, ou sublocador, a sentença poderá estabelecer periodicidade de reajustamento do aluguel diversa daquela prevista no contrato renovando, bem como adotar outro indexador para reajustamento do aluguel.

Art. 73. Renovada a locação, as diferenças dos aluguéis vencidos serão executadas nos próprios autos da ação e pagas de uma só vez.

Art. 74. Não sendo renovada a locação, o juiz determinará a expedição de mandado de despejo, que conterá o prazo de 30 (trinta) dias para a desocupação voluntária, se houver pedido na contestação. (Redação dada pela Lei nº 12.112, de 2009)

§ 1º (VETADO) (Incluído dada pela Lei nº 12.112, de 2009)
§ 2º (VETADO) (Incluído dada pela Lei nº 12.112, de 2009)
§ 3º (VETADO) (Incluído dada pela Lei nº 12.112, de 2009)

Art. 75. Na hipótese do inciso III do art. 72, a sentença fixará desde logo a indenização devida ao locatário em conseqüência da não prorrogação da locação, solidariamente devida pelo locador e o proponente.

TÍTULO III – Das Disposições Finais e Transitórias

Art. 76. Não se aplicam as disposições desta lei aos processos em curso.

Art. 77. Todas as locações residenciais que tenham sido celebradas anteriormente à vigência desta lei serão automaticamente prorrogadas por tempo indeterminado, ao término do prazo ajustado no contrato.

Art. 78. As locações residenciais que tenham sido celebradas anteriormente à vigência desta lei e que já vigorem ou venham a vigorar por prazo indeterminado, poderão ser denunciadas pelo locador, concedido o prazo de doze meses para a desocupação.

Parágrafo único. Na hipótese de ter havido revisão judicial ou amigável do aluguel, atingindo o preço do mercado, a denúncia somente poderá ser exercitada após vinte e quatro meses da data da revisão, se esta ocorreu nos doze meses anteriores à data da vigência desta lei.

Art. 79. No que for omissa esta lei aplicam-se as normas do Código Civil e do Código de Processo Civil.

Art. 80. Para os fins do inciso I do art. 98 da Constituição Federal, as ações de despejo poderão ser consideradas como causas cíveis de menor complexidade.

Art. 81. O inciso II do art. 167 e o art. 169 da Lei nº 6.015, de 31 de dezembro de 1973, passam a vigorar com as seguintes alterações:

"Art. 167. [...]

II – [...]
16) do contrato de locação, para os fins de exercício de direito de preferência."

"Art. 169. [...]
[...]
III – o registro previsto no nº 3 do inciso I do art. 167, e a averbação prevista no nº 16 do inciso II do art. 167 serão efetuados no cartório onde o imóvel esteja matriculado mediante apresentação de qualquer das vias do contrato, assinado pelas partes e subscrito por duas testemunhas, bastando a coincidência entre o nome de um dos proprietários e o locador."

Art. 82. O art. 3º da Lei nº 8.009, de 29 de março de 1990, passa a vigorar acrescido do seguinte inciso VII:

"Art. 3º [...]
[...]
VII – por obrigação decorrente de fiança concedida em contrato de locação."

Art. 83. Ao art. 24 da Lei nº 4.591, de 16 de dezembro de 1964 fica acrescido o seguinte § 4º:

"Art. 24. [...]
[...]
4º Nas decisões da assembléia que envolvam despesas ordinárias do condomínio, o locatário poderá votar, caso o condômino locador a ela não compareça."

Art. 84. Reputam-se válidos os registros dos contratos de locação de imóveis, realizados até a data da vigência desta lei.

Art. 85. Nas locações residenciais, é livre a convenção do aluguel quanto a preço, periodicidade e indexador de reajustamento, vedada a vinculação à variação do salário mínimo, variação cambial e moeda estrangeira:

I dos imóveis novos, com habite-se concedido a partir da entrada em vigor desta lei;

II – dos demais imóveis não enquadrados no inciso anterior, em relação aos contratos celebrados, após cinco anos de entrada em vigor desta lei.

Art. 86. O art. 8º da Lei nº 4.380, de 21 de agosto de 1964 passa a vigorar com a seguinte redação:

"Art. 8º O sistema financeiro da habitação, destinado a facilitar e promover a construção e a aquisição da casa própria ou moradia, especialmente pelas classes de menor renda da população, será integrado."

Art. 87. (Vetado).
Art. 88. (Vetado).
Art. 89. Esta lei entrará em vigor sessenta dias após a sua publicação.
Art. 90. Revogam-se as disposições em contrário, especialmente:
I – o Decreto nº 24.150, de 20 de abril de 1934;
II – a Lei nº 6.239, de 19 de setembro de 1975;
III – a Lei nº 6.649, de 16 de maio de 1979;
IV – a Lei nº 6.698, de 15 de outubro de 1979;
V – a Lei nº 7.355, de 31 de agosto de 1985;
VI – a Lei nº 7.538, de 24 de setembro de 1986;
VII – a Lei nº 7.612, de 9 de julho de 1987; e
VIII – a Lei nº 8.157, de 3 de janeiro de 1991.

Brasília, 18 de outubro de 1991; 170º da Independência e 103º da República.

FERNANDO COLLOR
Jarbas Passarinho

Impressão:
Evangraf
Rua Waldomiro Schapke, 77 - POA/RS
Fone: (51) 3336.2466 - (51) 3336.0422
E-mail: evangraf.adm@terra.com.br